COACHING na PRÁTICA

USE COM SUCESSO AS MELHORES FERRAMENTAS

Cláudia Oliveira (Org.)
Rosana Tozelli
Solange Guimarães
Thânia Kalil

COACHING na PRÁTICA

USE COM SUCESSO AS MELHORES FERRAMENTAS

Cláudia Oliveira (Org.)
Rosana Tozelli
Solange Guimarães
Thânia Kalil

Artesã

Coaching na prática: use com sucesso as melhores ferramentas

COORDENAÇÃO EDITORIAL
Karol Oliveira

REVISÃO
Giovanna M. Hailer Felipe

CAPA
Gustavo Prates

DIAGRAMAÇÃO
Marcos Digues

C652
Coaching na prática : use com sucesso as melhores ferramentas / Cláudia Oliveira... [et al.] . – Belo Horizonte : Artesã Editora, 2019.

202 p. ; 23 cm.

ISBN: 978-85-7074-030-4

1. Coaching. 2. Conceitos. 3. Competências essenciais. 4. Técnicas. I. Oliveira, Cláudia.

CDU 159.98

Catalogação: Aline M. Sima CRB-6/2645

IMPRESSO NO BRASIL
Printed in Brazil

(31)2511-2040 (31)99403-2227
www.artesaeditora.com.br
Rua Rio Pomba 455, Carlos Prates - Cep: 30720-290 | Belo Horizonte - MG
/artesaeditora

"*A habilidade de um coach* não está em saber muito para ensinar e sim saber muito para perguntar o que não se sabe."

Adriano Lachovski

AGRADECIMENTOS

Este livro é fruto de mais de uma década de aprendizado e prática no exercício do processo de *coaching*, construído em muitos anos de trabalho de todas as autoras. Agradecemos a todos os nossos professores na área de desenvolvimento humano pela sabedoria, incluindo os *coachees* com quem tivemos contato ao longo dos anos, os quais nos permitiram aprender com o aprendizado deles.

Nós sempre seremos gratas aos nossos clientes pelas infinitas oportunidades de fazer o trabalho que tanto amamos e de aprendermos com cada interação.

A todos os familiares e amigos, pelo amor e apoio que vocês nos deram, acreditando e incentivando sempre.

Nosso muito obrigado aos leitores que demonstraram reconhecimento ao comprarem o livro. Desejamos que algumas das palavras grafadas nele deixem marcas em suas vidas.

PREFÁCIO

Ao longo de suas histórias, as autoras percorreram caminhos e viveram experiências bem diferentes no desenvolvimento de pessoas. Elas não decidiram desde o início da prática profissional que seriam *coaches*. Houve uma evolução profissional até que se tornaram exatamente *coaches*.

Em um encontro, elas compartilharam toda a experiência acumulada ao longo dos anos e sentiram a necessidade de estruturar seus conhecimentos e experiências de forma objetiva e clara a fim de orientar outros profissionais.

Este livro cumpre uma valiosa missão ao possibilitar ao *coach* exercer sua atividade de forma mais consciente e comprometida com o próprio desenvolvimento. Ele disponibiliza para os profissionais um conjunto de ferramentas bem estruturado e alicerçado nas experiências das autoras.

Estou seguro em recomendar a leitura deste livro, tanto aos profissionais de *coaching* que desejam evoluir em sua profissão, quanto aos estudantes e demais profissionais interessados em exercer esta fascinante atividade de preparar, desenvolver e articular os seres humanos para a utilização plena de seus talentos em prol de cumprirem seu propósito de vida.

É por isso que este livro é tão importante! Você vai querer lê-lo várias vezes.

Luiz Affonso Romano: Consultor organizacional; diretor do Laboratório da Consultoria; *coach* para desenvolvimento em Consultoria; professor dos Cursos de Desenvolvimento de Consultores Presenciais e *Online*; Presidente da ABCO (Associação Brasileira de Consultores); colunista do *Ouvimos por aí*, do *administradores.com.br*; coordenador do Perfil das Empresas de Consultoria no Brasil: **2011 - 2012; 2014 - 2018.**

APRESENTAÇÃO

A essência do *coaching* é apoiar as pessoas na resolução de seus dilemas, ajudando-as a transformar o que elas aprenderam em resultados positivos para suas vidas.

Nós estamos muito felizes em poder compartilhar nossos conhecimentos e experiências a colaborar com o desenvolvimento de pessoas, especificamente no processo de *coaching*. Para isto, disponibilizamos no decorrer da escrita, ferramentas que vêm levar nossos leitores a alcançar seus objetivos.

O título do livro *Coaching* na Prática - use com sucesso as melhores ferramentas –, traduz o nosso objetivo, que é o de compartilhar conhecimentos de uma forma bem detalhada, permitindo aos profissionais que atuam como *coaches* utilizar nos processos as ferramentas de maneira eficaz com os seus *coachees*.

Este livro se estrutura em capítulos de forma a facilitar na busca pelo conteúdo. Assim, iniciamos por uma breve exposição de nossas referências teóricas sobre o processo de *coaching*, individual e em grupo. Já neste primeiro capítulo, apresentamos uma sugestão da primeira sessão de *coaching*, com formulário de dados do *coachee* e modelo de contrato.

Na sequência, apresentamos a importância de serem estabelecidos com clareza os objetivos no processo de *coaching*.

Seguindo, tratamos da profissão de *coach* e os seus dilemas na prática do dia a dia e o que o *coach* pode fazer por ele mesmo. Acreditamos que estes temas são de grande importância pelo seu poder de ampliar as possibilidades de atuação de todos nós, profissionais *coaches*.

Na sequência, apresentamos uma coletânea de ferramentas que foram criadas, adaptadas e/ou aplicadas por nós em vários clientes com total aproveitamento.

A Gratidão é outro assunto considerado de grande importância no processo de transformação pessoal. Neste capítulo, também apresentamos alguns exercícios a serem praticados pelo *coach* e que podem ser indicados para a prática do *coachee* fora das sessões de *coaching*.

Para fechar o conteúdo, destacamos a necessidade de mantermos em mente que este processo envolve dois seres humanos – o *coach* e o *coachee* e que nenhum planejamento ou ferramenta tem mais importância do que o ouvir sinceramente e com o coração a pessoa que está à nossa frente.

Convidamos você a fazer uma viagem pelas páginas deste livro e a parar nos pontos que se mostrarem mais atraentes e oportunos, a desfrutar de forma prazerosa cada parada, refazendo sua viagem quantas vezes julgar necessário.

Apesar de a nossa proposta ser simples e despretensiosa, desejamos que ela possa contribuir e enriquecer sua atuação diária como *coach*.

Desejamos a você uma boa viagem!

As autoras.

SUMÁRIO

CAPÍTULO 1

RESGATANDO E ALINHANDO CONCEITOS O QUE É *COACHING*?

"*Coaching* é um processo que visa elevar a performance de um indivíduo (grupo ou empresa), aumentando os resultados positivos por meio de metodologias, ferramentas e técnicas cientificamente validadas, aplicados por um profissional habilitado (o *coach*), em parceria com o cliente (o *coachee*)."

Villela Da Matta & Flora Victoria

Coaching é uma **assessoria** pessoal e profissional que visa potencializar o nível de resultados positivos nas diversas áreas da vida de um cliente, grupo ou empresa. Trata-se de uma nova profissão que combina prática e procedimentos distintos, cujo objetivo é dar suporte aos clientes para que criem uma vida ideal.

O *coaching* é um processo que envolve o diálogo entre o *coach* e seu cliente (também chamado de *coachee*), diálogo este que tem como objetivo levar o *coachee* a encontrar mais satisfação em sua vida. Isso é obtido por meio de procedimentos específicos e acompanhamento contínuo por parte do *coach*, até que o cliente atinja uma determinada meta ou objetivo. É uma **parceria** entre o profissional e o cliente, o qual busca a evolução, o crescimento, o aperfeiçoamento, a felicidade, o bem-estar e o aprimoramento de sua qualidade de vida.

O **processo** de *coaching* leva o cliente a procurar novos entendimentos, novas alternativas e opções capazes de fazer com que ele amplie suas realizações e conquistas. Este processo pode ser focado no aumento de performance ou na mudança, transformação e aprendizado.

As distinções entre ***coaching*** e terapia não têm como objetivo ressaltar uma prática em detrimento de outra. Elas servem apenas para orientar a atuação do *coach* e fornecer subsídios para que ele possa esclarecer possíveis dúvidas de seus clientes.

Cabe lembrar que, embora o ***coaching*** não seja terapia, ele incorpora alguns conceitos da Psicologia Positiva e Cognitiva entre suas técnicas e ferramentas que se alinham com seus objetivos e sua filosofia. Por outro lado, muitos psicólogos e terapeutas buscam a formação em *coaching* para ampliar seu repertório de ferramentas e de abordagens.

O ***coaching*** possui um corpo de conhecimento multidisciplinar, reunindo conceitos das ciências do comportamento, filosofia, desenvolvimento e aprendizado de adultos, teoria dos sistemas, bem como toda a ciência administrativa de negócios, processos e liderança.

Já se ouviu muitas definições diferenciadas sobre *coaching*, porém sua essência é ajudar as pessoas a mudarem, da maneira que elas desejarem, auxiliando-as a caminharem na direção em que elas quiserem seguir. O *coaching* apoia as pessoas em todos os níveis do processo de tornar-se quem elas realmente querem ser, e a serem o melhor que elas podem.

Tradicionalmente, o *coaching* tem sido associado aos esportes. Todo atleta de alto nível tem um *coaching*. Nos últimos anos, o *coaching* tornou-se aplicável a outras áreas, como dos negócios e em aspectos diferenciados da vida. Hoje em dia é comum encontramos pessoas assessoradas por um *coach* com o intuito de atingirem metas na vida e no trabalho.

Esta ampla aceitação do *coaching* pode ser conectada com a influência do livro de Timothy Gallwey, *The Inner Game of Tennis*, publicado em meados dos anos 70. Embora Gallwey fosse um *coaching* profissional de tênis, ele aplicou as ideias do *coaching* esportivo de uma maneira muito mais ampla, e assim, elas se tornaram universalmente relevantes. Timothy manteve os melhores aspectos do *coaching* esportivo: ajudar a pessoa a conseguir o seu melhor desempenho de uma maneira não crítica.

Tim Gallwey continuou a escrever outros livros falando sobre o jogo interno, dizendo que o nosso oponente real não é um competidor, mas sim as nossas próprias limitações e fraquezas. O jogo interno é jogado para sobrepujar hábitos mentais que inibem o melhor desempenho.

Existem algumas possibilidades e ramificações do *coaching*, que são:

- ***Coaching* executivo** – tem como objetivo capacitar executivos em seu desempenho e excelência pessoal e nos negócios. Apoia o executivo na identificação de metas, valores, missão e propósito da empresa no mercado. Procura dar clareza a sua missão pessoal e empresarial, objetivando o equilíbrio dos propósitos da empresa, de suas necessidades humanas e dos diferentes papéis vividos na empresa, na família e na sociedade.

- ***Coaching* de vida ou pessoa (*life coaching*)** – tem como objetivo a capacitação das pessoas em sua autorrealização, por meio do alcance de suas metas, alindo-as para uma vida equilibrada com seus valores, missão e propósito de vida. A meta a ser trabalhada pode estar em qualquer área da vida da pessoa, como relacionamentos, espiritualidade, saúde, finanças, carreira, administração do tempo, família, etc. O *coach* busca apoiar o *coachee* no estabelecimento da sua meta, na definição da estratégia a ser utilizada para alcançar os resultados almejados e também na superação dos desafios que aparecerem ao longo do caminho. Durante o processo de *coaching*, o foco é no presente e no futuro. O *coach* trabalhará por manter o *coachee* em ação para que, ao final, ele realize o que propôs fazer. Atualmente, em função de um mercado muito segmentado, existem vários nichos de *coaching* pessoal, entre eles: *coaching* de casamento (ou de noivas), *coaching* de emagrecimento, *coaching* para jovens, *coaching* financeiro e afins.
- ***Coaching* de performance** – é o processo de *coaching* direcionado para o desempenho do *coachee*. Ele tem como objetivo destravar as habilidades naturais dos profissionais. É um processo em que uma pessoa ajuda a outra a desempenhar, aprender e atingir objetivos e metas por meio do autoconhecimento e da conscientização sobre a própria responsabilidade no crescimento pessoal.

  No *coaching* de performance, o *coachee* alcança seus objetivos ao identificar os bloqueios internos e ao removê-los para a obtenção de resultados. É descobrir a perspectiva e as necessidades da equipe pelo questionamento profundo para que eles identifiquem e removam obstáculos de desempenho.

  O *coaching* de performance é a atitude mais importante tomada pelo gestor para aumentar a produtividade, por meio da implementação da estratégia: missão, visão, valores e metas. Trata-se de uma metodologia focada em resultados tangíveis e mensuráveis, normalmente implementada em equipes de vendas e serviços. O retorno sobre o investimento desse tipo de projeto reflete no desempenho em curto prazo, normalmente de 3 a 6 meses.

- ***Coaching* de liderança** – tem como objetivo desenvolver e aumentar as competências do executivo, chefe, empresário, gerente ou gestor para que se torne um líder mais efetivo e capaz de levar a sua equipe a alcançar os melhores resultados que beneficiem os negócios da empresa e melhore a qualidade de vida de todos os colaboradores. O *coaching* surgiu da necessidade dos colaboradores de aprender a pensar como líderes, com foco na formação de novas lideranças capazes de motivar e alinhar o time com a visão de negócios da empresa. Esse processo ajuda as pessoas a desenvolverem as competências necessárias para criarem novos modelos de comportamento, equilibrados e produtivos e compatíveis com equipes de alta performance.

É importante distinguir também o *coaching* de outros processos similares. Conheça alguns a seguir:

- ***Counseling*** (aconselhamento) – trabalha com os clientes que se sentem constrangidos ou insatisfeitos com sua vida. Eles buscam orientação e conselhos. O *counselor* (conselheiro) trabalha para sanar o problema de um cliente.
- **Terapia** – trabalho com o cliente que busca o alívio de sintomas psicológicos ou físicos. O cliente quer uma cura emocional e o alívio do sofrimento mental. A terapia lida com a saúde mental do cliente. O *coaching* lida com o crescimento mental do cliente.
- **Treinamento** – é o processo de adquirir habilidades e conhecimentos, por meio de estudo, experiência ou ensino. O treina-

dor é um especialista, e o treinamento provavelmente dará foco em habilidades especificas e resultados imediatos.

- **Consultoria** – o consultor fornece conhecimento especializado e soluciona problemas de negócios, ou desenvolve alternativas globais de negócio. O consultor lida com a organização como um todo, ou com partes dela, e não com indivíduos dentro delas. Os consultores só afetam os indivíduos de forma indireta.
- **Ensino** – transmite o conhecimento do professor para o aluno. O professor sabe algo que o aluno não sabe. O processo de *coaching* é exatamente o contrário. O cliente é o especialista e é o cliente que tem todas as respostas e não o *coach.*

Conheça também alguns benefícios do processo de *coaching*:

- potencializa a performance e o poder de decisão do *coachee;*
- aumenta a capacidade de administrar as mudanças;
- melhora a resiliência e ajuda na recuperação e superação dar as adversidades;
- reduz o estresse e melhora a qualidade de vida;
- melhora a capacidade de administrar conflitos e a qualidade dos relacionamentos;
- aumenta a determinação para alcance dos objetivos extraordinários;
- ajuda na superação de desafios;
- alinha as metas e valores pessoais com as metas e valores da empresa;
- aprimora a administração de tempo, reduzindo o retrabalho e melhorando os resultados.

SUGESTÃO PARA ESTRUTURA DA 1ª SESSÃO DE *COACHING*

1) Estabelecer *rapport* é a base da confiança.

– Inicie fazendo um alinhamento de conceitos sobre o processo de *coaching.*

Depois de receber o *coachee*, pergunte o que ele sabe sobre *coaching*.

- Anote o que ele falar e faça as adequações para informá-lo sobre o que é o *coaching*. Explique que o *coaching* é um processo que tem por objetivo capacitar as pessoas a alcançarem o seu melhor desempenho pessoal e profissional.
- Oriente-o no equilíbrio entre a vida profissional e a vida pessoal e na identificação de metas, valores, talentos, missão e visão.

O processo de *coaching* trabalha **Estado Atual (PRESENTE)** com foco no **Estado Desejado (FUTURO)**.

O processo de *coaching* ensina a pessoa a pensar de forma mais eficaz.

Conheça alguns tipos de *coaching*:

- Executivo.
- De Vida.
- Combinado.

Resultados do *coaching*:

- Superação de limitações.
- Alcance de metas.
- Redução da ansiedade e do estresse.
- Ação com foco.

Adoção de comunicação assertiva.

- Desenvolvimento de inteligência emocional.
- Aumento da autoestima.
- Adoção de estratégias pessoais e profissionais para a excelência.

Estrutura do *coaching*:

Situação Atual ⟶ Possibilidades ⟶
Recursos
Próximos Passos ⟶ *Feedback* ⟶ Compromisso

2) Descobrir a questão imediata do *coachee* (o que ele quer).
   - Você tem alguma questão ou situação que gostaria de dar ênfase neste momento?
3) Gerir as expectativas.
   - Quais são as suas expectativas com este processo de *coaching*?
4) Obter algumas informações (*e-mail*, telefone, etc.).
   - Solicitar ao coachee: nome completo, telefone e *e-mail* (Anexo 1 – Formulário Dados do *coachee*).
5) Tratar dos aspectos práticos (dias, horários, local, forma de pagamento).
   - Verificar com o *coachee* os dias e horários para os próximos encontros, a forma de pagamento, anotando no formulário dados do *coachee*.
   - Preencher o contrato e pedir para ele assinar (Anexo 2 – Formulário Modelo de Contrato).

Para marcar o processo, geralmente entregamos ao *coachee* um caderno para que ele faça as anotações referentes ao processo de *coaching*. Ele deve trazer este caderno em todas as sessões.

6) Comprometimento com o programa de *coaching*.
   - Como o *coaching* se encaixa na sua vida no momento?
   - O que poderia impedir a continuidade das sessões?
   - O que fará se o processo lhe parecer lento?
7) Iniciar o *coaching* com a questão imediata (caso não tenha, utilize uma ferramenta de autoconhecimento da sua escolha).
   - Uma ferramenta muito utilizada neste primeiro encontro é a RODA DA VIDA.

- Neste caso, apresente a RODA DA VIDA e explique cada área. Você vai colorir em cada uma das áreas da sua vida o quanto está satisfeito.
- O que falta é a oportunidade de crescimento.
- O ambiente físico pode ser dividido em CASA e TRABALHO.
- Desenvolvimento Pessoal inclui tudo o que você faz para se tornar uma pessoa melhor (livro, curso, formação, religião, trabalho voluntário, etc.).
- Relacionamento inclui Família, Amigos e Trabalho.
- Você não precisa me explicar ou informar nada da sua roda. O importante é fazer sentido para você.
- De 0% (mostrar na roda) a 100% (mostrar na roda), quanto está satisfeito com o seu AMBIENTE FÍSICO, neste momento? (se achar necessário fazer a mesma pergunta para cada área).
- Pedir para colocarem o percentual.
- Depois de toda a ficha preenchida, pergunte:
- Como foi para você fazer a roda da vida?
- Já tinha pensado na sua vida separada por áreas?
- Gostaria de falar como foi?
- Faz sentido para você?
- Qual o próximo passo para definir qual a área da sua vida que gostaria de dar ênfase nos nossos encontros?
- Qual foi a sua aprendizagem no nosso encontro de hoje?
- O que você leva para aplicar na sua vida?
- Confirmar a data combinada para o próximo encontro, agradecer e despedir.

DADOS PESSOAIS					
NOME					
DATA NASC.	IDADE	CPF	DOC. IDENT.	ESTADO CIVIL	FILHOS(AS)

INFORMAÇÕES DE CONTATO					
RUA					
BAIRRO		CIDADE/ ESTADO		CEP	
TELEFONE	OPÇÃO 1	OPÇÃO 2	OPÇÃO 3 (WHATSAPP)		
E-MAIL 1					
E-MAIL 2					
LINKEDIN					
INSTAGRAM					
FACEBOOK					
SKYPE					

DADOS PROFISSIONAIS			
EMPRESA			
PROFISSÃO		CARGO	

DADOS DO PROGRAMA DE COACHING					
DATA INÍCIO		DATA TÉRMINO			
DIA		HORÁRIO		TOTAL DE SESSÕES	
VALOR SESSÃO		VALOR TOTAL		FORMA DE PAGAMENTO	

OBSERVAÇÕES:

ANEXO 2 - MODELO DE CONTRATO

CONTRATO PARTICULAR DE PRESTAÇÃO DE SERVIÇOS DE *COACHING*

Pelo presente instrumento, e na melhor forma de direito, ... (Nome completo do *coach*), membro inscrito no .... (nome da escola que formou), doravante denominado(a) ***COACH*** e .. .. (Nome completo do *coachee*) .... (Nacionalidade, estado civil, profissão), inscrito(a) no CPF/ MF sob o nº. .... CI. .... residente e domiciliado(a) à .... (endereço completo com CEP), doravante denominado (a) ***COACHEE,*** decidem celebrar o presente contrato de prestação de serviços de *Coaching*, nos seguintes termos:

PRIMEIRA PARTE. DAS OBRIGAÇÕES DO COACH.

CLÁUSULA PRIMEIRA. DA PRESTAÇÃO DE SERVIÇOS.

O serviço abrangido pelo presente contrato será o de prestação de serviços de *Coaching*, visando à facilitação de criação de metas profissionais e/ou pessoais e desenvolvimento de plano e/ou estratégia para o alcance dos objetivos do ***COACHEE***, de forma a aumentar seus resultados positivos.

Parágrafo único. Ao final do prazo contratual estipulado na cláusula sétima, deverá o ***COACH*** realizar avaliação referente ao aprendizado do ***COACHEE***, bem como seu comprometimento e seriedade durante as sessões de *Coaching*.

CLÁUSULA SEGUNDA. DO SIGILO PROFISSIONAL.

O ***COACH*** obriga-se a manter o sigilo de todas as informações a que tenha acesso, em razão da prestação dos serviços ora convencionados, objeto deste contrato, sob as penas da lei, com as ressalvas legais.

Parágrafo único. O ***COACH*** se reserva ao direito de comentar assuntos tratados nas sessões de *Coaching* com outros profissionais, também da área de *Coaching*, visando buscar opiniões diversas, a fim de melhor orientar o ***COACHEE*** para o alcance de seus objetivos.

SEGUNDA PARTE. DAS OBRIGAÇÕES DO **COACHEE**

CLÁUSULA TERCEIRA. DO PAGAMENTO PELOS SERVIÇOS PRESTADOS.

Em remuneração aos serviços prestados, o ***COACHEE*** pagará o valor de R$ .... (valor por extenso), referente à.. .... (informar quantidade de sessões) sessões individuais de *Coaching* pelo prazo previsto na cláusula quarta.

CLÁUSULA QUARTA. PRAZO E FORMAS DE PAGAMENTO.

O processo de *coaching* terá a duração .... (nº de meses) do período de (data de início) até (data final).

O pagamento será realizado .... (informar forma de pagamento, quantidade de parcelas).

É de **RESPONSABILIDADE** do *Coachee* efetuar o pagamento conforme o combinado.

CLÁUSULA QUINTA. OUTRAS OBRIGAÇÕES DO *COACHEE.*

Ao ***COACHEE***, caberá:

I – O pagamento, quando necessário, de gastos extraordinários, tais como: Taxas, custos de transporte, sendo os de valor substancialmente elevado, realizados somente mediante prévia autorização, de viagens, estadia, hospedagens, alimentação, entre outras indispensáveis para o fiel cumprimento da prestação de serviços de *Coaching*.

II – A contratação, quando necessário, de outros serviços que não abrangidos pelos serviços de *Coaching*, e que sejam essenciais para o alcance das metas estipuladas durante as sessões de Coaching.

III – Realizar, ao término do presente contrato, avaliação acerca do trabalho desempenhado pelo ***COACH***, no tocante à sua atuação, seriedade e comprometimento com as questões trabalhadas durante as sessões de *Coaching*.

IV – Comprometer-se a comparecer às sessões de *Coaching*, de acordo com as datas e horários pré-agendados, sejam estas presenciais ou à distância, estando ciente de que o seu comprometimento é um dos fatores para o sucesso do *Coaching*.

CLÁUSULA SEXTA. CANCELAMENTOS.

O cancelamento das sessões de *Coaching* agendadas junto ao ***COACH*** deverá ser feito com, no mínimo, 48 horas de antecedência, podendo a mesma ser remarcada para um horário diverso, sem ônus para o ***COACHEE***.

§1º. No caso de não comparecimento às sessões agendadas, sem aviso antecipado, haverá a cobrança regular do valor disposto na cláusula terceira do presente instrumento de contrato.

TERCEIRA PARTE. DISPOSIÇÕES FINAIS.

CLÁUSULA SÉTIMA. DA DURAÇÃO E RESCISÃO DO CONTRATO.

O contrato terá duração de 3 meses, a serem contados(as) da data de assinatura do presente instrumento. Qualquer serviço de assessoria prestado após o encerramento deste contrato não estará incluído nas obrigações decorrentes do presente instrumento, a não ser que tenha havido sua renovação.

§ 1º. Findo o prazo estipulado anteriormente e não havendo manifestação contrária das partes, o presente contrato se dará por renovado, pelo mesmo período previsto na cláusula sétima, podendo as partes renegociarem os valores a serem pagos pelos serviços.

§ 2º. A intenção das partes por não prorrogar o contrato, conforme mencionado anteriormente, deverá ser manifestada por escrito, com antecedência mínima de 30 dias.

§ 3º. Na hipótese de rescisão deste contrato, enquanto ainda por prazo determinado, a parte interessada deverá informar a parte contrária de sua decisão no prazo mínimo de 30 (trinta) dias, sujeita a penalidades.

§ 4º. Se o ***COACHEE***, por ato de vontade, manifestado por escrito, rescindir o contrato antes de seu fim, arcará com o pagamento de multa correspondente a 1/6 (um sexto) do valor total do pacote contratado por até 2 sessões realizadas.

§ 5º. A impossibilidade superveniente de cumprimento de obrigações que tenham a natureza *personalíssima* poderá, a critério das partes contratantes, extinguir o presente contrato sem nenhum ônus para ***COACH*** ou ***COACHEE***.

CLÁUSULA OITAVA. ASPECTOS GERAIS DA PRESTAÇÃO DE SERVIÇOS.

A prestação de serviços de *Coaching* não se equivale às atividades de aconselhamento, terapia, psicoterapia, psicanálise, diagnóstico, tratamento de doenças físicas ou mentais, entre outras atividades de natureza médica, jurídica ou espiritual, não devendo o ***COACHEE*** utilizá-la como substituta para tais.

CLÁUSULA NONA DO FORO.

Fica eleito, com exclusão de qualquer outro, por mais privilegiado que seja o Foro de Belo Horizonte, para dirimir quaisquer dúvidas oriundas deste contrato.

E, por estarem justos e contratados, assinam o presente em duas vias de igual teor e forma, na presença das testemunhas abaixo.

.... (cidade), ... (data) de .... (ano).

____

Nome do *coachee*

____

Nome do *coach*

CAPÍTULO 2

COACHING EM GRUPO

"Se você pode sonhar, você pode fazer."
Walt Disney

O processo de *coaching* em grupo é uma técnica tão poderosa quanto o processo de *coaching* individual, sendo que aquele pode ser mais vantajoso do que o atendimento personalizado, pelo poder de compartilhamento, de apoio social e de solidariedade entre os participantes do grupo.

É importante ressaltar que o foco do processo de *coaching* em grupo é sempre no indivíduo e não no grupo como um todo. O *coach* deve estar sempre preocupado em ver a evolução do indivíduo, primeiramente, enquanto pessoa e, posteriormente, nas suas vivências em grupo.

O processo de *coaching* em grupo envolve a interação de pessoas que tenham um objetivo pessoal ou profissional em comum. Todas as atividades são conduzidas por um *coach* que foi capacitado para este tipo de intervenção. Dessa forma, a troca de experiências e conhecimentos entre os envolvidos nessa atividade grupal propicia desenvolvimento humano e social entre os participantes do grupo.

O sucesso deste processo depende essencialmente da estrutura que o *coach* preparou para criar essas sessões. Antes mesmo de ele apresentar seu produto para o mercado e vendê-lo, foi necessário muito estudo e pesquisa. E todo este conteúdo apreendido precisa responder a algumas questões importantes para que ele conquiste os resultados esperados. Respondendo a estas questões, o *coach* estará pronto para compreender como funciona o processo de *coaching* em grupo e o que é preciso fazer para começar um planejamento bem estruturado e efetivo que impulsione seus *coachees* para muito mais longe.

O primeiro passo para um coach é definir quais são os objetivos do grupo. Essa pergunta é para ser respondida para o *coach* e não para os clientes. Neste momento, o *coach* vai deixar claro: Qual o seu objetivo principal como *coaching* em grupo? Neste caso, muitas respostas são totalmente válidas: aumentar o número de clientes, oferecer uma opção mais acessível de processo de *coaching*, ou ainda, ser uma referência em *coaching* na sua cidade, estado ou país. Assim, quando o *coach* entende plenamente quais são seus próprios objetivos com o *coaching* em grupo, fica muito mais fácil definir todos os outros passos.

O segundo passo para o *coach* é definir o público-alvo. É necessário identificar quais serão as pessoas impactadas pelo programa proposto conforme o público que você já trabalha no momento. Esta seleção também é importante para a construção do grupo.

No terceiro passo, o *coach* vai definir o que vai oferecer para o seu grupo. Não é suficiente criar um grupo com um público definido, contudo é necessário oferecer algo interessante para este grupo. Veja um exemplo: no processo de *coaching* em grupo de carreira para pessoas que precisam se recolocar no mercado de trabalho, alguns participantes do grupo podem compartilhar soluções para os problemas que estão passando, não pensadas antes.

O quarto passo definirá o que o *coach* usará como base. E esta é a maior dificuldade dos *coaches* ao investirem no processo de *coaching* em grupo. No geral, o *coach* está acostumado com um padrão de atendimento individualizado, em que suas perguntas são focadas nas questões que o *coachee* apresenta, entretanto, no processo de *coaching* em grupo, é diferente. O *coach* precisa partir de uma base, trazendo questões e ou ferramentas de *coaching* em grupo para os *coachees*, a fim de que eles desenvolvam-nas nas sessões.

Neste formato de atendimento, é o *coach* que propõe o debate e a reflexão de início deste processo, por meio de um conteúdo que agregue valor aos seus clientes. Para apoiar este processo, o *coach* pode pensar em textos, filmes ou ferramentas, etc. que estimulem o processo.

Outro passo, o quinto, é a definição de quantas pessoas devem participar do processo. O número máximo e mínimo de participantes depende da estrutura, do conteúdo que o *coach* pretende oferecer e do público a atingir. Em nossa experiência, constatamos que para que o resultado dê certo o mínimo de pessoas são três e o máximo de pessoas são oito.

O sexto passo trata do número de sessões que é de total controle do *coach*. O *coach* precisa analisar o conteúdo a ser trabalhado e definir o número de sessões necessárias. Em nossa experiência, percebemos que são necessárias, em média, seis sessões coletivas e uma sessão individual.

E como e quando as pessoas entrarão para o grupo? Chegamos com esta questão ao sétimo passo. Em alguns casos, o processo de *coaching* em grupo é muito exclusivo e não permite a participação de todos os interessados. Neste caso, é preciso os participantes necessitam preencher os requisitos para participar das sessões. Para ajudar neste processo de seleção, o *coach* pode escolher fazer uma entrevista, sugerir o preenchimento de uma pesquisa, etc.

Em geral, os participantes escolhem participar porque têm interesse e estão empenhados em conquistar os resultados propostos. A partir do segundo encontro, não é aconselhável o ingresso de nenhum membro novo, pois pode dificultar a integração do grupo e com o grupo.

Outra forma do *coach* selecionar os membros de um grupo é fazendo uma sessão individual antes do início do processo, com a finalidade de verificar de forma assertiva os objetivos individuais e globais do *coachee*, avaliando se eles estão em conformidade com os objetivos do grupo, possibilitando o melhor aproveitamento de todos.

Para divulgar o seu trabalho como *coaching* em grupo, prepare o conteúdo, que pode ser em vídeo, em que você descreva como funciona o processo em grupo, como é rico e prazeroso o compartilhamento de experiências entre os participantes, apresentando exemplos de como um participante pode ajudar o outro, e também, se ajudar em seu autoconhecimento. Mostre algo ou comente sobre a sua participação como *coach* no processo, em como é conduzir um grupo e como vocês farão para juntos traçarem a caminhada do estado atual para o estado desejado.

Mesmo que o *coach* monte uma turma cujos objetivos sejam claros e de conhecimento de todos, é importante que ele tenha uma técnica de emergência, caso, por algum motivo, o grupo trave diante de uma questão proposta e não saia do lugar, ficando perdido e sem respostas, ou então, surja uma polêmica muito forte e dois participantes, por exemplo, comecem a discutir mais seriamente.

Para esses casos, e outros que se mostrem difíceis de conduzir, o *coach* precisa estar pronto para assumir o controle da situação e fazer a sessão fluir novamente. Quando uma situação sai do controle, é necessária a tomada de decisão, a busca pelo controle da situação por parte do *coach*, que deverá fazer algo diferente, pois não adiantará insistir no que já deu errado. É importante que o *coach* pare o que estavam fazendo por um momento e assuma a palavra, discorra sobre algum assunto pertinente, dê orientações, conselhos e responda dúvidas. Depois que a turma retomar a sintonia, volte à sessão para os conteúdos e ferramentas programadas.

O processo de *coaching* em grupo é um método de grande aceitação pelo público, por todos os atrativos descritos anteriormente. Vale muito a pena preparar uma proposta que surpreenda seus clientes e que lote a sua agenda. Escolha um nome atrativo para este programa, monte uma promoção que chame seu público, prepare com maestria suas sessões e aproveite as oportunidades.

CAPÍTULO 3

OS OBJETIVOS NO PROCESSO DE *COACHING*

"Sem sonhos, a vida não tem brilho. Sem metas, os sonhos não têm alicerces. Sem prioridades, os sonhos não se tornam reais. Sonhe, trace metas, estabeleça prioridades e corra riscos para executar seus sonhos".

Augusto Cury

Os objetivos são estados ou resultados desejados pelo *coachee* e que o *coach* deverá ajudá-lo a encontrar, pois é de total relevância para o sucesso do *coaching* que o objetivo seja apropriado ou significativo para o *coachee*. Segundo a PNL –Programação Neurolinguística – uma boa formulação de objetivos requer a satisfação de um conjunto de requisitos, como algumas ferramentas e estratégias que apresentaremos a seguir.

Às vezes, pode ser que o atual contexto do *coachee* ofusque seu objetivo. Veja este exemplo por meio de uma metáfora. Imagine um viajante que chega ao guichê em um aeroporto e escuta a seguinte pergunta:

— Onde você deseja ir?

O viajante começa a descrever como está infeliz, que tem tantos problemas e por isso precisa viajar. A pessoa no guichê responde que sente muito por tudo e gentilmente repete a pergunta:

— *Onde você deseja ir?*

E a reposta novamente não é diretiva. O viajante comenta que não quer ir para um lugar quente, pois detesta calor e não e se alimenta bem em temperaturas altas. A pessoa no guichê, muito compreensiva, novamente tenta obter a resposta tão desejada, repetindo pela terceira vez a mesma pergunta:

— Onde você deseja ir, por favor?

Vamos apresentar um conjunto de estratégias e ferramentas para ajudar o *coach* a compreender melhor o estado desejado do *coachee*. Essas estratégias devem ser utilizadas como parte integrante do processo de definição do objetivo do *coachee*.

Imagine que seu *coachee* **tenha medo de cantar em público.**

Às vezes, os clientes não conseguem descrever com clareza o que almejam e dizem o que não querem dizer. Uma pessoa poderá descrever com a negação do estado problemático e dizer que *não quer sentir medo de cantar em público.* Esta fala nada ajuda no processo da descoberta do objetivo deste *coachee* e sim direciona o olhar do *coach* para o estado problemático. Tal qual o viajante descrito anteriormente, este cliente também não responde à pergunta:

— O que você quer ou onde deseja ir?

Apresente ao seu *coachee* o paradoxo do sim e não. Peça-lhe que não pense em um elefante de bolinhas vermelhas durante os próximos trinta segundos. Assim, ele só pensará em um elefante de bolinhas vermelhas.

Na sequência, faça com ele algumas atividades.

a) Ajude-o a definir o seu objetivo como o oposto do estado problemático: *não quero sentir medo ao cantar em público.* Ao contrário, q*uero sentir segurança ao cantar em público.*

b) Ajude-o a buscar um modelo externo como referência para definir o estado desejado: *quero cantar em público como cantaria "fulano".*

c) Ajude-o a descrever as principais características que definam o estado desejado: *quero ter elegância, alegria, confiança, ao cantar em público.*

d) Ajude-o a obter a afirmação do que quer além do que já tem. A pessoa já possui ao menos uma caraterística do estado desejado e é capaz de colocá-la em prática: *quero ser mais sorridente ao cantar em público.*

e) Ajude-o a atuar "como se" tivesse alcançado o estado desejado. Assim, saímos do estado problemático e nos direcionamos para o resultado desejado: *Se eu já tivesse alcançado o estado que desejo agora mesmo eu me sentiria segura, alegre, entusiasmada, sorridente para cantar em público.*

Conheça a seguir algumas perguntas que vão ajudar o *coachee* a mudar seu estado problemático para estado desejado, desenvolvendo uma representação efetiva de seus objetivos.

Identifique o estado problemático

1) Qual estado problemático você quer mudar?
   Meu problema consiste em______________________________
   ____.

2) Agora, defina o objetivo com cada passo das estratégias:
   a) Negando o estado problemático.
   O que você quer deixar de fazer ou evitar?
   Quero deixar de ______________________________________
   ____.

   b) Identificando a polaridade do estado problemático.
   Qual é o oposto deste estado problemático?
   Quero ____
   ____.

   c) Definindo o estado desejado considerando uma referência externa.
   Quem já alcançou um estado desejado semelhante a este que você quer?
   ____
   ____.

   d) Utilizando as características chaves para definir o estado desejado.
   Quais características importantes, personificadas no modelo de referência que acabou de escolher na resposta anterior, você gostaria de ter em seu estado desejado?
   Quero ter as características ___________________________
   ____.

   e) Otimizando as qualidades já existentes.
   Quais qualidades associadas com seu estado desejado você já possui e quer aprimorar?
   Quero ter mais____
   ____.

   f) Atuando "como si".
   Se você já tivesse alcançado o estado desejado, o que estaria fazendo ou faria melhor que agora?

Se eu tivesse alcançado o resultado desejado, estaria ______
____
____.

Um objetivo bem formulado consiste em:

1) Resultado: formulado em termos positivos.
   - O que você quer?
2) Evidência Sensorial: comportamento observável como demonstração do resultado.
   - De que modo, especificamente, saberá que alcançou o resultado?
   - Quais são os critérios para os comportamentos?
   - Como serão verificados?
3) Realizado por quem o desejou: o objetivo será iniciado e mantido pela pessoa ou pelo grupo que o formulou.
   - O que fará, especificamente, para alcançar este objetivo?
4) Preservação dos pontos positivos do estado atual: manter as intenções positivas e os benefícios secundários do estado problemático.
   - O que de positivo, sob qualquer ponto de vista, está obtendo com este comportamento?
5) Adequadamente contextualizado: o resultado está bem contextualizado, vinculado à ecologia do sistema que o envolve.
   - Quem ou o que mais poderia ser afetado com a realização deste objetivo?
   - O que levaria você a desistir deste objetivo?
   - Descreva os contextos em que o objetivo é desejado.
   - Descreva os contextos em que o objetivo não é desejado.

CAPÍTULO 4

COACH – UMA PROFISSÃO EM ASCENSÃO QUAIS AS COMPETÊNCIAS NECESSÁRIAS?

"O destino não é uma questão de sorte. É uma questão de escolha! Não é algo pelo que se espera, Mas algo a alcançar!"

Willian Jenning Bryars

Muito tem se falado em *coaching* e sobre os benefícios desse processo na vida das pessoas, contudo é importante salientar que este processo precisa ser conduzido por um profissional chamado *coach*, uma das profissões em ascensão no momento.

Atualmente, muitos profissionais são formados todos os dias em diversas escolas com chancelas nacionais e internacionais e inseridos no mercado de trabalho.

Entretanto, será que todos estes profissionais estão prontos para iniciar o trabalho como *coach*?

Além dessa pergunta, outras tantas surgem como:

- Quem pode ser *coach*?
- Qual a formação necessária para ser *coach*?
- Todos estão preparados para atender e auxiliar o seu *coachee* no processo de desenvolvimento?
- Quais são as competências necessárias para ser um *coach*?

Todos aqueles que têm curso superior podem fazer a formação em *coaching*. Geralmente há em torno de 100 a 180 horas aula, com trabalhos de atendimentos pro bono e trabalho conceitual escrito e entregue à instituição para aprovação. De preferência, a instituição escolhida para a formação deve ter boas referências no mercado de trabalho.

A pessoa que busca a formação em *coaching* não precisa necessariamente ter experiência na área de recursos humanos. Hoje, profissionais de diversas áreas se especializam em *coaching*. No entanto, quando estão focados na carreira de *coach*, é necessário entendermos de pessoas. Para auxiliar o outro no processo de desenvolvimento, faz-se necessário buscar literatura, cursos e outros que forneçam um aporte teórico sobre o assunto de gestão de pessoas, pois isso facilitará ao *coach* no desenvolvimento do seu trabalho.

Com a formação, o profissional precisa escolher o nicho em que deseja trabalhar, ou seja, a área de atuação, como *Coaching* de Vida, *Coaching* de Carreira, *Coaching* Executivo, *Coaching* de relacionamentos, emagrecimento entre outros.

Antes de passar a viver financeiramente do *coaching*, o profissional precisa adquirir uma quantidade mínima de atendimentos, ou seja, horas de experiência como *coach*. Essas horas podem variar de acordo com o país. No Brasil, de acordo com o ICF – *Institute Coaching Federation* –, são exigidas no mínimo 500 horas de atendimentos pagos.

Comentado um pouco sobre como se tornar um *coach*, vamos especificar qual o papel do mesmo. O *coach* tem como papel assessorar seu *coachee* (quem vivencia o processo-cliente), proporcionando que este amplie a percepção de si mesmo, perceba o impacto de suas ações ao seu redor, torne-se responsável por suas ações, levando-o à reflexão, à tomada de decisão e à definição de mudanças de comportamentos para atingir objetivos.

O papel do *coach* é apoiar seu *coachee* fazendo-o refletir, é oferecer-lhe ferramentas que irão proporcionar mudanças de comportamento. O *coach* apresenta o conhecimento, oferece apoio, aplica ferramentas de diversas áreas como da Neurociência, PNL, Psicologia, Administração, entre outras, e faz perguntas poderosas que proporcionam reflexão e tomada de decisão imediata. A partir disso, o *coach* elabora um plano de ação junto com o seu *coachee* para que este atinja o resultado desejado.

Para se tornar um *coach* de sucesso, acreditamos que existam algumas características importantes que devem ser seguidas e executadas, como:

- respeitar a individualidade, os valores e a crença do seu *coachee*, nunca julgando-o ou criticando-o;
- excluir todo e qualquer julgamento moral e religioso para com seus clientes;

- sugerir outras abordagens profissionais como terapia/psicólogo, tratamento psiquiátrico, consultoria, *mentoring*, caso não seja uma demanda para *coaching*;
- buscar o desenvolvimento pessoal e o aprimoramento constante;
- manter sigilo e confidencialidade de toda informação do processo de *coaching*.

COMPETÊNCIAS IMPORTANTES PARA UM *COACH*

Respeitar à adversidade

Compreender, aceitar e ser sensível às diferenças individuais. Ao se deparar com perfis diferentes, tratar todas as pessoas igualmente, independentemente de gênero, raça, credo, origem, *status* ou função.

O *coach* que apresenta esta competência demonstra-se aberto e respeita as diferenças entre as pessoas, tratando seu *coachee* com justiça e dignidade.

Indícios da competência deste *coach*

- ✓ Respeita as pessoas, desconsiderando gênero, raça, *status*, local de origem ou outras fontes de diferenças.
- ✓ Encontra-se aberto, curioso e com vontade de aprender sobre as diferenças entre as pessoas.
- ✓ Proporciona o respeito pelas diferenças entre as pessoas, encorajando a tolerância e a abertura/acolhimento.
- ✓ Potencializa os pontos fortes de cada pessoa.
- ✓ Pratica a meritocracia: cada um faz por merecer aquilo que acredita e deseja.

Visão de longo prazo

Aprender a identificar metas em longo prazo e promover a implementação de ideias diferentes ou alternativas. O *coach* que apresenta esta competência tem a capacidade de gerar soluções criativas e estratégias que podem ser executadas com sucesso. Esse *coach* pensa de maneira inovadora e apoia esse mesmo pensamento em seu *coachee*. O seu papel é desafiar e impulsionar pessoas ou organizações a atingirem o aperfeiçoamento constante.

Indícios da competência deste *coach*

- ✓ Pensa de maneira criativa e inovadora.
- ✓ Identifica metas futuras, de longo prazo.
- ✓ Visualiza problemas e vislumbra soluções rápidas e eficazes para objetivos estratégicos.
- ✓ Implementa ideias.
- ✓ Gera soluções diferenciadas e inovadoras para o problema.
- ✓ Desafia pessoas e organizações ao crescimento e aperfeiçoamento contínuo.

Integridade

Essa competência exige a garantia de um alto padrão de justiça e ética nas palavras e ações do dia a dia. O *coach* que se predispõe a esta competência comporta-se de maneira consciente e confiável, de modo ético e com honestidade ao lidar com todas as pessoas que se reportam diretamente a ele. O senso de justiças sob as expectativas estabelecidas prevalece em relação a tudo.

Indícios da competência deste *coach*

- ✓ Apresenta ética e honestidade em todas as relações.
- ✓ Mantém-se atento a fazer o que é certo e justo, apesar das consequências para si mesmo.
- ✓ Promete apenas o que pode fazer.
- ✓ Faz o que prometeu.
- ✓ É digno da confiança pessoal dos outros.
- ✓ É justo em suas expectativas quanto aos outros.

Planejamento e organização

O coach precisa organizar e planejar de forma eficaz o seu trabalho. Isso poderá variar de acordo com as necessidades organizacionais ou de acordo com a definição de metas e previsão das necessidades e prioridades do *coachee*.

O *coach* que apresenta essa competência é capaz de planejar e organizar seu trabalho de forma eficiente, de administrar o seu tempo, o dos outros e lidar eficientemente com exigências múltiplas e prazos conflitantes. Esse profissional é capaz de identificar metas, desenvolver planos de ação, calcular tempo e acompanhar o progresso do projeto.

Indícios da competência deste *coach*

- ✓ Apoia e administra o progresso até que o objetivo do *coachee* seja atingido.
- ✓ Administra eficazmente seu próprio tempo.
- ✓ Cria processos de trabalho eficazes.
- ✓ Auxilia o outro a administrar o seu tempo.
- ✓ Apoia, desenvolve e executa planos de contingência com o *coachee*.

Comunicação

Comunicar-se de forma clara e eficaz com pessoas dentro e fora da organização é uma das competências essenciais do *coach*.

O profissional com esta competência tem a capacidade de ouvir, de forma clara, seus pensamentos e ideias e apresentá-las por meio de informações diretas e lógicas, a que possa compreendê-las.

Indícios da competência deste *coach*

- ✓ Interessa-se verdadeiramente pelo desenvolvimento e sucesso dos outros.
- ✓ Dá *feedback* e opiniões objetivas e verdadeiras.
- ✓ Demonstra expectativas elevadas em relação aos outros.

- ✓ Atua como apoiador e ajuda os outros a encontrarem oportunidades de crescimento.

INOVAÇÃO

Esta competência possibilita ao *coach* encontrar soluções criativas que resultarão em melhor desempenho, melhores resultados de excelência, etc.

O *coach* que apresenta essa competência tem a capacidade de gerar soluções e ideias novas e criativas. Trata-se de questionadores que verificam o que foi feito no passado para desenvolverem inovações a abordar os mesmos assuntos ou problemas do passado.

Indícios da competência deste *coach*

- ✓ Avalia junto ao *coachee* o que ele tem feito para atingir seus objetivos e questiona se estas práticas contribuem para o seu objetivo.
- ✓ Instiga o *coachee* a fazer diferente do que tem feito hoje, a fim de atingir resultados diferentes dos já obtidos.
- ✓ Percebe oportunidades em problemas.
- ✓ Contribui para o *coachee* encontrar novas ideias e soluções para o sucesso.
- ✓ Pensa de modo sistêmico, inovador e criativo.

Inspiração para os outros

O *coach* inspira os outros a terem bons desempenhos por meio do seu entusiasmo e paixão por fazer um bom trabalho. Esse *coach* é um exemplo é serve de inspiração e motivação para outras pessoas.

Indícios da competência deste *coach*

- ✓ Possui e demonstra uma paixão pessoal e automotivação elevados.
- ✓ Valoriza e cria ambientes para paixão e entusiasmo dos outros.

- ✓ Gera entusiasmo e paixão na maioria das pessoas com as quais se relaciona.
- ✓ Adapta seu estilo para lidar com pessoas diferentes.
- ✓ Reconhece forças e conquistas do *coachee*.

Orientações para resultados

Capacidade de desafiar e induzir as pessoas, organizações e a si mesmo a conquistar e manter excelência.

O *coach* que apresenta esta competência estabelece e apoia a definição de objetivos e contribui para a realização dos mesmos. Eles assumem a responsabilidade pessoal pelo sucesso da organização ou das pessoas e persistem, mesmo diante de obstáculos, em alcançar resultados.

Indícios da competência deste *coach*

- ✓ Desafia a si mesmo, pessoas e organizações a estabelecerem expectativas elevadas.
- ✓ Não desiste facilmente, persistindo.
- ✓ Apoia o estabelecimento de metas e objetivos apropriados.
- ✓ Supera obstáculos para alcançar resultados.
- ✓ Aplica o seu esforço em trabalho árduo para alcançar resultados.
- ✓ Alcança resultados.

Flexibilidade

Capacidade de tratar os problemas, as pressões e os estresses relacionados ao trabalho de forma eficaz, de maneira profissional e positiva sempre com foco orientado à solução.

O *coach* que apresenta esta competência mantém uma atitude positiva mesmo diante das frustrações, pressões ou mudanças. Elas se recuperaram rapidamente quando enfrentam obstáculos ou conflitos.

Indícios da competência deste *coach*

- ✓ É sempre positivo em relação ao trabalho.
- ✓ Não se prende a desilusões e recupera-se rapidamente de desapontamentos, rejeição de clientes, expectativas não cumpridas e outros imprevistos.
- ✓ Não se mantém preso ao curso das prioridades; muda se preciso for.
- ✓ Comporta-se sempre de maneira profissional, independente das circunstâncias.
- ✓ Aceita as mudanças abertamente, adaptando e ajustando-se às circunstâncias novas ou mutáveis.
- ✓ Mantém uma atitude positiva, apesar do estresse e da frustração.
- ✓ Sempre que for necessário tem disposição para mudar o modo que trabalha, adotando novos métodos, processos, etc.

Apoia o desenvolvimento de outros

Sempre apoiar e fornecer *feedback* aos outros para encorajar e inspirar o desenvolvimento das competências relacionadas ao trabalho e ao crescimento da carreira a longo prazo.

O *coach* que apresenta esta competência está interessado no desenvolvimento e sucesso do seu *coachee*. Ele pratica o hábito do *feedback* e direciona honestamente seus *coachee* de forma encorajadora, ajudando-o a atingir seus objetivos e desafios individuais.

Indícios da competência deste *coach*

- ✓ Demonstra um interesse sincero no desenvolvimento e sucesso dos outros.
- ✓ Dá *feedback* e opiniões objetivas e verdadeiras.
- ✓ Demonstra expectativas elevadas em relação aos outros.
- ✓ É apoiador e ajuda os outros a encontrarem oportunidades para crescer.
- ✓ Não é demasiadamente crítico ou condescendente.

FOCO NA QUALIDADE

Promover e manter a qualidade do trabalho. O *coach* que apresenta esta competência produz um serviço de alta qualidade, pois seu foco na entrega perfeita é 100%.

Este *coach* trabalha com muita disciplina e oferece uma orientação detalhada, favorecendo e aperfeiçoando a qualidade do produto e dos serviços. Este comportamento encoraja o *coachee* a criar altos padrões de qualidade em seus trabalhos.

Indícios da competência deste *coach*

- ✓ Sempre disciplinado, procura fazer o melhor trabalho possível.
- ✓ Visualiza a qualidade de seu trabalho, os produtos e serviços da organização sob a perspectiva do cliente.
- ✓ Procura sempre meios de aperfeiçoar a qualidade do seu trabalho.

Enfim, para atuar como *coach* é preciso desenvolver algumas competências e isso requer dedicação, mas, sobretudo, amor ao que faz.

Em nossa experiência, descobrimos que ser *coach* é dedicar-se no auxílio ao outro, na busca por sua melhor versão, sem julgamentos e sem críticas. O *coach*, acima de tudo, precisa valorizar e amar o que faz, pois afinal de contas quando se trabalha com o que gosta, isso não deixa de ser trabalho, passando a ser um prazer infinito e diário.

CAPÍTULO 5

DILEMAS NA PRÁTICA DO DIA A DIA DO *COACH*

"O sucesso é a soma de pequenos esforços repetidos dia após dia".

Robert Collier

Uma pessoa que decidiu ser *coach* investiu seu tempo e dinheiro para ter uma formação em *coaching* e realizou seu sonho, fez atendimentos gratuitos para praticar, estudou as ferramentas e revisou o conteúdo aprendido na formação em *coaching*. Teoricamente, ele estaria pronto para atuar como *coach*, correto? No entanto, várias perguntas surgem em sua mente como:

- Agora que sou *coach* formado, o que devo fazer?
- Como posso atrair clientes?
- O que devo e não devo fazer no início da carreira como *coach*?
- Qual o nicho em que devo atuar?
- Como vencer a insegurança do primeiro atendimento pago?
- Como cobrar?

No início da carreira de um coach, estas e outras perguntas são frequentes. A insegurança faz parte do processo, por isso, o novo *coach* precisa estruturar um plano de ação para sua carreira e colocá-lo em prática, aplicando tudo o que aprendeu em sua formação em *coaching*.

Primeiro, o *coach* precisa verificar se o planejamento criado está congruente com os objetivos, ou seja, ele deve saber onde está, aonde quer chegar e o que precisa fazer para atingir seus objetivos.

Feito isso, o *coach* precisa definir um nicho de atuação, o que facilitará em seu planejamento, ou iniciar os atendimentos, para primeiro entender de qual nicho mais gosta e, aí sim, decidir com maior clareza.

Essa escolha dependerá do *coach*, do seu perfil e de sua demanda.

Segundo Raph Waldo Emerson, nosso principal motivo é encontrar alguém que nos motive a fazer tudo o que somos capazes. Esta é uma dica valiosa que o *coach* precisa utilizar para buscar motivações.

Pensando nisso, você que já é um profissional *coach*, saiba que muitas empresas e pessoas precisarão de você. Esteja preparado para atendê-las!

Como *coaches* experientes, já passamos por todas estas etapas e listamos a seguir alguns cuidados e dicas que você, *coach*, precisa observar se almeja ser um profissional de sucesso, que anseia atingir as pessoas e ajudá-las a conseguir resultados extraordinários!

Como atrair clientes

Pensando no pressuposto de que somos seres individuais e com caraterísticas únicas e marcantes, use e abuse dos seus pontos fortes como:

- Deixe sua marca, seja autêntico, pois trata-se de diferenciais no mercado.
- Faça sua rede de *networking*, mas lembre-se de que isso vai além de trocar cartões, requerendo dedicação, criação de vínculo e empatia.
- Sinta e demonstre autoridade, comente em *posts*, crie blogs e faça publicações em grupos de maneira assertiva, com a intenção de mostrar o quanto sabe sobre o assunto.
- Discuta sobre diversos assuntos e mostre às pessoas que você entende do que fala e está disposto a compartilhar o que sabe.
- É interessante compartilhar conhecimentos gratuitamente. O seu futuro cliente pensará: nossa se ele oferece esse conhecimento gratuitamente, o qual já é excelente, imagina o que não receberei de forma paga?! Isso é o que chamamos de *comodities*, ou seja, nossa mercadoria. Quem demonstra ter conteúdo será sempre solicitado e bem pago por isso.
- Entregue mais do que prometeu. Surpreenda seu cliente sempre.
- Seja um exemplo do que você vende. Nesse mundo do *coaching*, você representa o seu negócio. O que você tem a oferecer é o seu conteúdo, sua imagem e postura.

- Como *coach*, você precisa ser assertivo, e saber dizer não é um diferencial. Agradar a todos faz com que você passe a mensagem errada, e não possibilita que seu *coachee* o veja na essência.
- Seja empático sempre: quando você se conecta verdadeiramente com as pessoas, demostra real interesse em ajudá-las. Consequentemente, você formará uma rede de contatos disposta a divulgar seu trabalho. Estes atuarão como fãs que te apoiarão e te indicarão para novos clientes.
- Invista em sua imagem: participe de congressos e faça com que os outros saibam quem você é, divulgue suas redes sociais, se mostre, publique, faça enquetes, vídeos.
- Marque sua presença no mundo. Demonstre para o que veio e o que deseja fazer.

Como transformar seu local de atendimento em um ambiente confortável e seguro para o seu *coachee*

Para atender profissionalmente, é necessário que o *coach* tenha um espaço para atender seus *coachees*. Muitos chamam este espaço de *coachtório*, que nada mais é do que um consultório onde *coach* e *coachee* se encontram para as sessões de *coaching*.

Este ambiente deve transmitir segurança, confiança e aconchego ao *coachee*. Para criar este espaço, observem as dicas listadas abaixo:

- Escolha um espaço que transmita tranquilidade ao seu *coachee*, que não tenha barulhos externos e que não permita interrupções durante a sessão.
- Para o mobiliário do ambiente, utilize duas poltronas, cadeiras iguais, que sejam confortáveis para a sessão. Cadeiras iguais dão a sensação de igualdade. Lembre-se de que uma sessão dura, em média, de 50 a 90 minutos, e quanto mais acomodados os clientes estiverem melhor a sessão será.
- O posicionamento das cadeiras ou poltronas é muito importan-

te. Coloque-as uma de frente para a outra, criando uma sensação de igualdade para o seu *coachee*, deixando-o mais confortável.

- Se possível, tenha uma mesa de apoio que disponibilize água, café e lenços para utilização do *coachee*.
- Crie o ambiente com o seu toque, com algo que se pareça com você e que, ao mesmo tempo, acolha o seu *coachee*. É importante que o ambiente esteja limpo, com uma boa iluminação e com ar agradável.
- Se desejar, tenha uma música ambiente. Dê preferência para músicas calmas, clássicas, voltadas para a meditação, pois estas ajudam a diminuir a frequência cerebral e acalmam a mente do seu *coachee*. Não é necessário manter a música o tempo todo, utilizando somente quando necessário.
- O *rapport* é muito importante no processo de *coaching*. *Rapport* é uma palavra de origem francesa que significa relação, ou seja, é quando você cria uma relação de harmonia, confiança em que seu *coachee* se sente mais confortável, aberto e receptivo para ser desafiado, trocar informações e aceitar mudanças. Ao fazer isso, o *coach* gera em seu *coachee* um sentimento de aceitação, fortalecendo a relação a tornar o processo mais leve e fluido. Então, invista no *rapport*, faça o seu melhor, entre no mundo do seu *coachee* e faça-o sentir que você o compreende, que o aceita e está totalmente imerso no mundo dele. Isso facilitará a comunicação entre vocês. Estabeleça o *rapport* com seu *coachee* e proporcione um ambiente seguro, onde ele poderá sentir-se à vontade para dizer o que deseja, sem julgamentos de certo e errado.
- *Flow* é estar focado com seu cliente e no que acontece na sessão, ou seja, é criar um estado mental de funcionamento no qual, ao realizarem determinada atividade, estejam mergulhados em uma sensação de foco total, envolvimento e fluidez no processo de realização. Para atingir o *flow*, são necessários foco e concentração no que está sendo feito, estar sereno e sem preocupações externas.

Como administrar o tempo

- Gerenciar seu tempo de forma eficaz é muito importante. Organize sua agenda antecipadamente.
- Liste as atividades de acordo com os conceitos de: **importante, urgente e circunstancial**. Seja o dono do seu tempo!
- Reserve um horário para analisar e programar as suas sessões. É importante ressaltar que cada *coachee* é único e sua demanda irá variar. Por isso, esteja preparado para atender a demanda do seu *coachee* no dia e na hora que acontecer.
- Estabeleça o tempo para cada sessão. Cumpra esse horário.
- Se o *coachee* chegar atrasado, siga o seu horário. Não crie precedentes que poderão comprometer o seu processo de *coaching*.
- Pontue para seu *coachee* os problemas do seu atraso nas sessões.
- Reserve um tempo antes da sessão para estudar o perfil do seu *coachee* e analisar as sessões já realizadas.

Planejamento de sessões

- Faça um inventário de anamnese com seu *coachee* previamente. Conheça seus gostos, preferências, como ele gosta de ser chamado, seu *hobby*, tipo de lazer, etc.
- Estude todas as ferramentas e saiba para que serve cada uma delas. Isso facilitará no entendimento da demanda do *coachee* para a escolha da ferramenta correta. Se necessário, aplique a ferramenta em alguém das suas relações para ter mais controle do seu conteúdo.
- Lembre-se de que a resposta do *coachee* é sua próxima pergunta. Então, estude e saiba fazer perguntas. Essa é essência do *coaching*.

Financeiro

- Faça um combinado prévio com seu *coachee* para negociar os pagamentos.
- Estabeleça previamente se o pagamento será por sessão, mês ou parcelado.

- Como dar desconto para o cliente? Pense que existem dois tipos de pagamento: à vista e parcelado. Dessa forma, ao explicar para o seu *coachee*, você mostra para ele que existem formas de pagamento e foge da barganha de valores.
- Caso isso não seja possível, analise os valores cuidadosamente e veja uma proposta boa para ambas as partes. Trabalhe a política do ganha-ganha.

Como atender o primeiro cliente?

- Conheça previamente seu cliente. Faça uma reunião presencial, via *Skype* ou por telefone.
- Na primeira sessão, ouça na essência, pergunte e conheça o seu *coachee.*
- Identifique como ele pensa, age e lida com frustrações.
- Use e abuse das perguntas "poderosas".
- Prepare o ambiente do atendimento, ou seja, deixe o ambiente tranquilo e organizado e tenha todo o material necessário à sua disposição.

Quando o cliente fala demais, o que fazer?

- Escute tudo o que ele tem a falar, mas lembre-se de que vocês têm um período de tempo determinado para aquela sessão.
- Utilize a técnica AAC: acompanhar, acompanhar para conduzir. Preste atenção nos gestos, nos trejeitos e no calibre do *coachee* para criar o *rapport.*
- Faça perguntas ao *coachee*, questionando se o que ele relata contribui para atingir seu objetivo.
- Conduza a conversa para o objetivo do cliente.
- Responsabilize o *coachee* pelo que ele fala e apresente as consequências de suas ações.
- Pergunte ao seu *coachee* se ele permite que você o interrompa toda vez que ele estiver se afastando do objetivo do processo de *coaching.*

Estou inseguro para atender. O que fazer?

- Primeiro, saiba que a insegurança é natural e que, com o tempo de prática, você se sentirá mais seguro. É importante ressaltar que mesmo com muita experiência, sempre que começamos um novo processo, temos um pouco de insegurança.
- Lembre-se de que você e seu cliente são iguais e que você não sabe mais.
- Você tem que ser excelente no que faz: o *coaching*.
- Mostre ao seu *coachee* que você sabe o que faz.
- Estude muito e domine no mínimo 10 ferramentas que julgar importantes, as quais certamente causarão um impacto significante em seu *coachee*.

Mídias sociais

- Crie uma *fanpage* na rede social escolhida para divulgar seus serviços de *coaching*.
- Poste o que te representa como *coach*.
- Crie grupos e enquetes para divulgar o que você sabe.
- Agora, você é exemplo, então, fique atento ao que posta nas internet.

A demanda do *coachee* está fora do objetivo

- Faça perguntas até que consiga entender o que seu *coachee* quer.
- Utilize a alavancagem para identificar o que importa para o *coachee* e o que, se ele investir, terá impacto nas demais.
- Faça um filtro de prioridades.
- Pergunte ao seu *coachee*: em qual atividade você poderia investir, que causaria um impacto imediato e positivo nas demais áreas?
- Lembre seu *coachee* que **tudo** é muito, então ele precisa priorizar uma área de cada vez.

Que ferramenta utilizo na primeira sessão?

- Entenda a demanda do seu *coachee.*
- Estude o perfil do seu *coachee* e vá para sessão sabendo o que seu ele é, o que ele faz, se ele tem filhos entre outros.
- Toda sessão é do *coachee*, ou seja, o ritmo é ditado por ele.
- Tenha ferramentas à mão para que possa utilizar.
- Utilize a ferramenta *autofeedback* para a primeira sessão, a fim de para entender o seu *coachee.*
- Outra ferramenta interessante chama-se *Shazam*, em que seu *coachee* poderá listar 3 momentos maravilhosos e 3 momentos ruins em sua vida. Pergunte a ele: se você pudesse voltar no tempo, qual desses momentos escolheria? Dependendo da escolha dele, faça-o refletir e ressignificar o momento. Dê um novo significado àquele momento, gerando novos aprendizados.

Falta de comprometimento do *coachee*

- Se você perceber que o seu *coachee* não está engajado no processo, não realize as tarefas. Pare e discuta com ele o objetivo de fazer o processo de *coaching.*
- Alinhe com ele suas metas, tarefas e os ganhos com o processo. Ele pode esquivar-se e tentar sair fora. Faça-o refletir sobre o que ele deseja para a vida dele: ser protagonista ou figurante?
- Se o *coachee* chegar atrasado, converse e alinhe com ele sobre o que realmente ele quer com o processo.
- Pontue os problemas do atraso nas sessões para o seu *coachee.*

O seu cliente precisa de terapia ou outra demanda

- Se observar demandas da área da Psicologia e de outras modalidades, encaminhe ao profissional responsável. Às vezes, as pessoas procuram o *coaching* e acham que ele será a resolução de seus problemas. Portanto, isso não é verdade, pois questionamentos e transtornos devem ser tratados por psicólogos ou psiquiatras.

- Alguns *coaches*, em início de carreira, cometem o erro de acharem que apenas o *coaching* e seu trabalho serão capazes de proporcionar ao *coachee*, os resultados que ele deseja, mas estão errados. Cada profissional precisa atuar na área de sua formação.

Como proceder em casos extremos (*coachee* pensando em suicídio, relatando experiências de morte...)

- Ouça tudo o que ele tem a dizer. Não interrompa a sessão.
- Faça perguntas investigativas para entender o estado do seu *coachee*.
- Avalie se ele precisar de atendimento especializado.
- Se for ao caso, indique ou procure junto com ele um profissional que possa ajudá-lo.

Como mudar o estado do *coachee* para encerrar a sessão

- Se durante a sessão seu *coachee* ficou muito agitado ou triste, proponha um relaxamento que pode ser movimento com o corpo, movimentos de respiração, a fim de que ele tome consciência ou, se necessário, altere seu estado emocional.

Recursos necessários

- Tenha em seu local de atendimento todos os recursos necessários para atender o seu *coachee*.
- Crie uma pasta com todas as ferramentas que você utiliza com seu *coachee*, e leve para a sessão.
- Lembre-se de que a sessão é do *coachee* e, você como *coach*, deve estar preparado para usar outra ferramenta, se preciso for.
- Tenha água, lenço de papel, caneta e papel ao alcance de seu *coachee*.

O processo de *coaching* está terminando, e agora?

- Chegou o final do processo e seu *coachee* alcançou as metas, obtendo resultados muito bons. O ciclo terminou e seu *coachee* vai agora colocar em prática tudo o que descobriu. É natural o *coach* sentir uma sensação de perda, afinal de contas foram muitos encontros juntos. Sinta-se privilegiado por ter desenvolvido um trabalho excelente e que rendeu tantos resultados positivos.

- É importante observar outro tipo de *coachee* que aquele que ao aproximar o fim do processo fica angustiado, com receio de continuar sem o *coach*. Esse *coachee* precisará de mais atenção, pois ele está atribuindo ao coach o alcance dos resultados. Ressalte ao *coachee* que o comprometimento, o engajamento e o alcance dos resultados dependerão apenas de suas ações.

Seu *coachee* atingiu o resultado antes do término do processo de *coaching*, o que fazer?

- Seu *coachee* atingiu o objetivo e está muito feliz com isso. Celebre junto com ele e encerre o processo. Caso o pagamento do *coaching* tenha sido adiantado, devolva o valor integral do restante das sessões.
- Essa atitude fará com que o *coachee* perceba que o *coach* é um profissional integro e diferenciado no mercado.
- Essa postura honesta fará com o que o *coachee* crie um laço de confiança ainda maior com o *coachee*. Sendo assim, ficará confortável para indicá-lo aos amigos e a outras pessoas de sua proximidade.
- Caso o *coachee* queira continuar com as sessões, explique a ele que um novo processo de *coaching* será iniciado e que ele pagará apenas o valor que faltará.

CAPÍTULO 6

RESILIÊNCIA
O QUE O *COACH* PODE FAZER
POR ELE MESMO?

"A vida é melhor para aqueles que fazem o possível para ter o melhor".

John Wooden

Podemos pensar que as lembranças de todos os caminhos trilhados e de todos os caminhos que foram esquecidos nos tornaram quem somos.

A dor faz parte da condição humana, no entanto, a forma como lidamos com ela fará toda a diferença, ou seja, resultará em um sofrimento passageiro ou duradouro, mais leve ou mais pesado, mais pálido ou brilhante. Por isso, é importante desenvolvermos a capacidade de sermos resilientes para que, diante de situações complicadas ou críticas, tenhamos a capacidade de enfrentar, superar e sair fortalecidos diante das adversidades da vida.

De acordo com o conceito da física, a resiliência é a capacidade que um corpo tem de readquirir integralmente suas propriedades, após a ação de um agente externo sobre ele, que modifica, suprime ou diminui alguma propriedade. Gostamos de pensar nesta definição como uma metáfora para a superação, para a adaptação e o reencontrar-se das pessoas após experiências traumáticas ou estressantes.

Nossa mente inquieta se pergunta como algumas pessoas fazem isto e outras não? Será que resiliência é uma capacidade ou será uma propriedade do ser humano?

Ao entender a resiliência como capacidade implica que é possível adquiri-la. Se for compreendida como inerente ao ser humano, é possível desenvolvê-la, reconhecê-la ou fortalecê-la. Sendo assim, as duas alternativas são muito favoráveis para aprendermos a lidar com o que a vida nos traz.

Ao estudar o comportamento de pessoas resilientes, observamos algumas características comuns, tais como flexibilidade, adaptabilidade às novas circunstâncias, postura otimista frente aos desafios e disposição para ajudar outras pessoas. Pessoas resilientes encaram a vida de uma maneira diferente. Frente ao sucesso, compartilham o mérito com todos que colaboraram para o resultado. Trata-se de pessoas guerreiras e motivadas, que entendem a adversidade como desafio, que apresentam alternativas as quais eram impensáveis numa determinada situação.

Podemos fazer um exercício diário para sermos resilientes. Ao observamos o comportamento de pessoas resilientes no mundo ou à nossa volta aprendemos com elas. Geralmente, as pessoas resilientes dizem com frequência: **Eu escolho estar bem**.

Algumas lembranças também nos levam a aderir à maneira de pensar [1]Nando Parraros: "Creio que o lado bom, deste padecimento, foi à experiência que me deixou a possibilidade de viver um presente com intensidade".

Você, *coach*, talvez queira iniciar cada manhã com a escolha de estar bem, lembrando que todos os caminhos lhe possibilitaram estar aqui hoje, como está.

Como a neurociência pode ajudar a desenvolver a resiliência

Um dos caminhos para desenvolver resiliência é o autoconhecimento e a gestão das emoções. Primeiro vamos entender o que é neurociência, emoção e sua ligação com a resiliência.

Neurociência é a ciência que estuda o sistema nervoso, a organização cerebral, a anatomia e a fisiologia do cérebro, além de sua relação com as áreas do conhecimento, com a aprendizagem, com a cognição, com o comportamento motor, com as sensações físicas, com os sentimentos e com as emoções.

A emoção é uma experiência complexa e que compreende vários fatores como a avaliação, a sensação física, a intencionalidade, os sentimentos e a expressão interpessoal. Vejamos isso no exemplo de uma experiência de medo: João constata que se perdeu e está em uma área de risco (avaliação). Ritmo cardíaco acelera (sensação física). Concentra em sua capacidade (intencionalidade). Tem sentimentos desagradáveis

1 Um dos sobreviventes da queda do avião na Cordilheira dos *Andes*, no Chile, em 13/11/1972, Voo – FAU 571.

("sentimento" que é o conhecimento adquirido pela experiência). Solicita ajuda (expressão interpessoal).

Pessoas resilientes sabem lidar melhor com suas emoções e creem que a felicidade/bem-estar não é privilegio nem mesmo destino de alguns, mas sim uma atitude positiva frente aos acontecimentos, à vida. E quanto mais esta atitude é praticada, mais fortalecida ela se torna. São as emoções que nos ajudam a avaliar as situações para tomarmos decisões, encontrar o autoequilíbrio e nos conectar com os outros.

Emoções não são boas ou ruins, mesmo a tristeza, a raiva, a ansiedade tem uma função significativa em nossas decisões servindo para nos resguardar de perigos ou decepções maiores quando aprendemos acolher cada uma delas. Isso não implica em permitir que uma tristeza permaneça para sempre, ou que uma raiva se transforme em um ataque de fúria. Elas são como mensagens e ao reconhecê-las permitimos que cumpram seu papel para então prosseguirmos, lembrando que elas vão passar.

A raiva quando nutrida leva o cérebro a criar um circuito vicioso e a representar novas situações neste estado raivoso. Um dos fatores de risco e mortalidade elevada de doenças cardíacas é hostilidade tal como o fumo e o colesterol alto. Então, pessoas podem literalmente morrer de raiva.

Na tristeza, e mesmo na depressão, o cérebro interpreta as situações favoráveis de forma negativa, levando as pessoas a agir a partir desta interpretação e não dos fatos.

Para obter bem-estar, precisamos entender, ouvir as mensagens de nossas emoções e assim evitar que comandem nossa vida. Inclusive as emoções que geram comportamentos ineficazes precisam ser reconhecidas. Vamos pensar num dia comum em que alguma contrariedade nos deixe irritado e agimos grosseiramente com alguém fora deste contexto. O que ocorre no cérebro é que um aborrecimento coloca a amígdala cerebral em estado de alerta e o corpo e o restante do cérebro preparam-se para o pior. Neste estado, tudo que acontecer será interpretado como uma ameaça ou como mais um motivo para irritação. Ao nos conscientizarmos da irritação impedimos que venha mais irritação. Será possível ser gentil com pessoas fora deste contexto ao entendermos que estamos irritados, mas não com todas as pessoas. Reconhecer a irritabilidade, a raiva ou a tristeza é o primeiro passo para a alteração dos comportamentos desagradáveis e para a busca pela gentileza, por ter uma atitude mais positiva frente a vida.

E o que acontece quando somos gentis? Pessoas resilientes têm em comum a gentileza e a compaixão. Mas é possível treiná-las?

Da mesma maneira que ir à academia e levantar pesos desenvolve os músculos, ao se praticar uma habilidade mental, seja para manter a atenção em um determinado foco, fazer contas matemáticas ou aprender um idioma, novos circuitos são construídos no cérebro. O que a ciência está provando é que com intenção e prática, pode-se literalmente transformar o cérebro.

A partir da década de 90, estudos sobre o cérebro, como a plasticidade cerebral que é a capacidade do cérebro de mudar ao longo da vida, uma capacidade adaptativa do sistema nervoso central – SNC, para modificar a organização estrutural e funcional em resposta às experiências, estímulos ambientais e outros, verificou-se que o cérebro se modifica.

Trabalhos recentes mostram que a estrutura do cérebro, o aumento da densidade da massa cinzenta, o aumento da espessura cortical e o aumento da integridade de conexões entre regiões cerebrais importantes para o controle cognitivo são modificados com atividades mentais específicas. Além disso, descobriu-se também que quanto mais horas de treinos mentais, maior é a quantidade de dobras corticais da insula, uma área de integração autônoma, emocional e cognitiva do cérebro.

A ideia de que podemos treinar as nossas mentes de forma a promover hábitos mentais saudáveis e que esses hábitos podem se refletir nas relações corpo-mente não é novidade. Esta observação tem sido feita há milhares de anos, em várias culturas e ideologias.

A novidade vem de estudos atuais os quais demonstram que uma parte dos circuitos neurais da gentileza incluem a compaixão e o mais importante é que ela pode ser treinada em qualquer idade. Ao estimular a gentileza em crianças e adolescentes, observa-se melhora nos resultados acadêmicos, no bem-estar emocional e na saúde. Então, é possível treinar para sermos resilientes e expandir para as organizações corporativas e para a sociedade, possibilitando assim uma cultura de resiliência para vivermos saudavelmente em harmonia e em equilíbrio.

Sabendo o que sabe agora sobre o processo de resiliência, podemos escolher quando iniciaremos nosso treino de gentileza e compaixão para sermos mais resilientes.

Dicas para o *coach* – cuidando-se!

I - Principio, meio e fim

Antes de cada atendimento, faça um intervalo (pode ser 5') e preste atenção nas sensações do seu corpo, na sua respiração, nos seus pensamentos, e nas suas emoções. Aprenda a estar com você antes de estar com o outro. Este exercício lhe dará maior abertura para o outro e maior consciência de si mesmo.

Ao iniciar o atendimento, convide seu *coachee* para fazer para uma prática de atenção no presente que pode ser de 1' ou 5'.

A prática pode ser um movimento com o corpo ou prestar atenção na respiração.

Ao terminar o atendimento pergunte ao *coachee*:

a) Qual o aprendizado desta sessão?
b) Qual a emoção agora?
c) Ao que ou a quem ele é grato neste momento?

II - Treinando a mente para ser equilibrada

Encontre alguma atividade diária em que possa treinar sua mente para ter serenidade. Sabemos que manter atenção no que estamos realizando reduz estresse. Escolha uma atividade durante a semana em que a executará com toda atenção, podendo ser, por exemplo, caminhar e sentir seus pés por inteiro, a pressão, o que está pensando neste momento e qual a emoção isso desperta em você. Volte sua atenção para os pés novamente. Outra atividade pode ser escovar os dentes. Veja a quantidade de creme que você coloca na escova, sinta o cheiro, descubra qual a sensação da água em sua boca e em suas mãos, como se sente ao terminar, perceba o sabor que ficou na sua boca e qual as emoções e pensamentos presentes.

Vá gradativamente mantendo sua atenção em cada atividade do seu dia a dia e observe sua mente acalmar diariamente.

III - Usando a respiração para ter uma mente tranquila

O diafragma é um músculo que separa a cavidade abdominal da torácica e é o principal responsável pela respiração nos seres humanos.

A respiração diafragmática também é chamada de abdominal. É como respiramos quando estamos relaxados, porém quando estamos estressados, respiramos rapidamente e pelo tórax.

A respiração abdominal é uma habilidade que requer prática. Quanto mais você pratica, mais efetivamente consegue utilizá-la para se acalmar. Portanto, treine esta habilidade quando estiver calmo, assim conseguirá usá-la de forma mais efetiva quando estiver em um momento difícil.

Encontre uma posição confortável sentado com a coluna reta, cabeça erguida os dois pés no chão, ou deitado de barriga para cima e pernas esticadas e olhos fechados. Coloque uma mão sobre o abdome e a outra sobre o tórax.

Para iniciar, respire normalmente pelo nariz. Na sequência, ao inspirar, mande o ar para a barriga (abdome, diafragma), desviando-o do tórax. Sinta os movimentos do abdome subindo e descendo a cada respiração.

Pratique esta respiração todos os dias durante 5 a 10 minutos e observe seu estado de tranquilidade.

CAPÍTULO 7

COACHING NA PRÁTICA (FERRAMENTAS)

"Não há nenhum segredo para o sucesso. É o resultado de preparação, trabalho duro, e aprender com o fracasso."

Gen. Colin L. Powell

AMPLIANDO HORIZONTES

"Quando tudo tiver parecendo ir contra você, lembre-se que o avião decola contra o vento, não a favor dele".

Henry Ford

Diante de uma adversidade, a atitude de algumas pessoas pode ser enxergar os aspectos negativos da situação, colocando toda a sua energia e foco apenas no problema.

Este comportamento faz com que elas, ao se depararem com uma situação-problema, encontrem dificuldades em descobrir como solucioná-la. A primeira reação dessas pessoas é ficarem paralisadas e focadas somente no problema e, com isso, perdem muito tempo, acabando não resolvendo a situação que as incomodas. Essa atitude poderá tornar as coisas mais complicadas, além de desenvolver um padrão de pensamentos repetitivos e improdutivos.

Ao focarem somente no problema, as pessoas não conseguem encontrar alternativas para a situação. Agindo dessa maneira, novos problemas surgirão criando uma confusão ainda maior.

Ao direcionar o foco para a solução, elas poderão criar alternativas para resolver o problema com menos efeitos colaterais, e assim, dar importância ao que realmente interessa.

Essa ferramenta possibilitará ao *coachee* encontrar saídas para a solução de problemas de maneira assertiva, em vez de preocupar-se em penalizar o erro. Saber onde é preciso investir e focar nisso certamente fará com que o *coachee* obtenha melhores resultados.

Objetivo: auxiliar o *coachee* a encontrar outras formas de solucionar problemas.

Melhor utilização: quando o *coachee* estiver focado apenas no problema e não na solução.

Duração: 60 minutos aproximadamente.

Material necessário

- Folha em branco para registrar respostas.
- Formulário Anexo 1 – Ampliando Horizontes.

Passo a passo para a aplicação

1. Contextualize com o seu *coachee* que, muitas vezes, um problema pode ser uma oportunidade de ampliarmos os pensamentos. Exercitar o "pensar fora da caixa" nos possibilitará encontrar alternativas.
2. Peça ao *coachee* para relatar uma situação-problema que ele não conseguiu resolver.

Pergunte:

- O que te impediu de resolver essa questão?
- Você já vivenciou situações semelhantes antes? Fale a respeito.
- Você conhece alguém que tem facilidade em resolver qualquer tipo de problema?
- Como essa pessoa age?
- O que você poderia ter feito diferente do que fez para resolver essa situação?
- Como você gostaria de solucionar essa situação?

Observação: sempre que a resposta for objetiva, peça ao *coachee* que fale mais sobre a questão.

Registre e reserve as respostas.

3. Faça uma recapitulação de tudo o que foi falado na sessão até agora. Em seguida apresente ao *coachee* o conceito ERRC – Eliminar, Reduzir, Realçar e Criar.

Peça a ele que preencha o formulário do anexo 1 - Ampliando Horizontes.

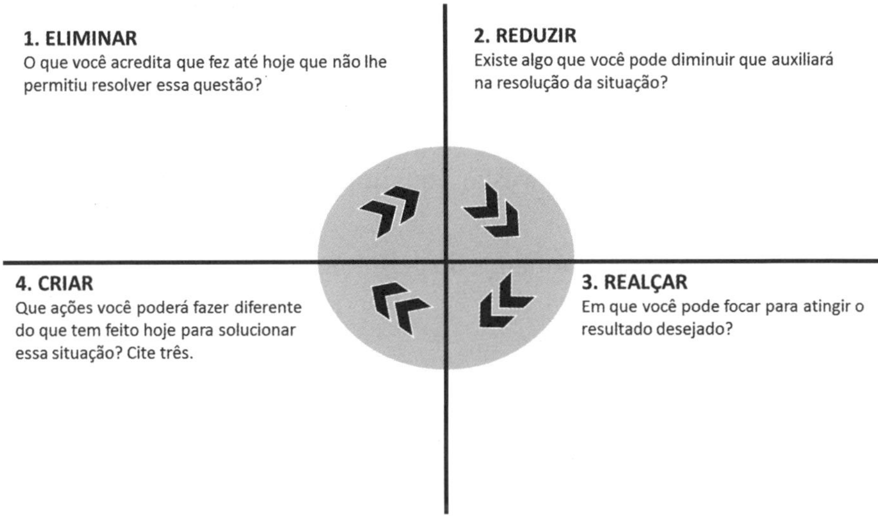

4. Faça as perguntas de cada quadrante ao seu *coachee* de acordo com a orientação das setas na seguinte ordem:
   - 1. ELIMINAR 2. REDUZIR 3. REALÇAR 4. CRIAR.

Registre tudo e elabore um plano de ação.

5. Recapitulação, comprometimento e encerramento da sessão:

- Então você está me dizendo que .... para você .... (Citar a ação pretendida).
- Quando você se sente pronto para iniciar esta ação? (Especificar o dia, a hora e o prazo para conclusão da tarefa).
- Como você pode garantir que esta tarefa será realizada? (Solicitar que o *coachee* defina uma forma de lembrete para que a tarefa seja cumprida).
- Agora que você já definiu o que precisa fazer, de 1 a 10, o quanto você está disposto a realizar essa tarefa?
- Nesse processo, é muito importante que eu acompanhe seus resultados. Como eu (*coach*) vou ficar sabendo que você fez isso? (Definir forma de contato: *e-mail*, SMS, *WhatsApp*, telefone, dia e hora que ele repassará a informação).

6. Para o aprendizado, o *coach* poderá utilizar uma das perguntas abaixo, ou mais de uma se preferir:

- Que aprendizados ou *insights* você teve na sessão de hoje?
- O que você leva dessa sessão de hoje para sua vida?
- Se pudesse resumir a sessão em uma palavra, como você sai daqui hoje?
- Porque valeu a pena estar aqui hoje?

7. Agradeça pela confiança dispensada e encerre a sessão.

Anexo 1 – Formulário ERRC

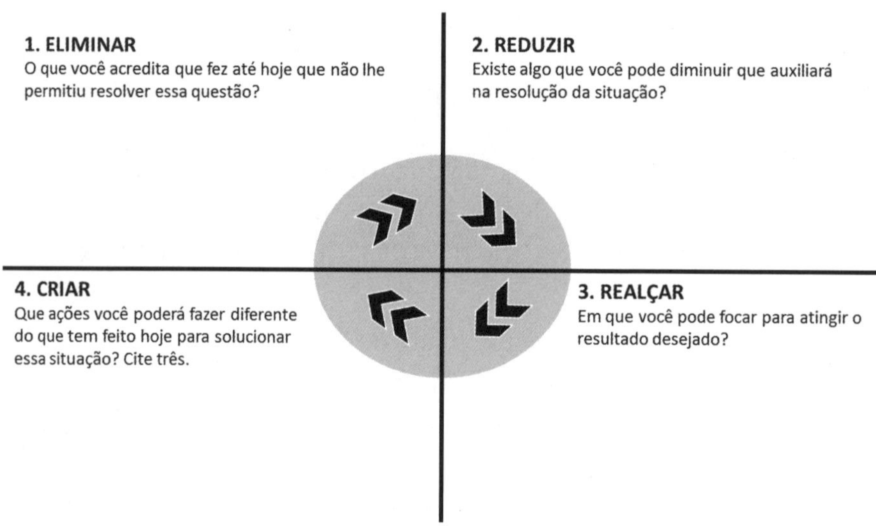

AS PORTAS

As mudanças fazem parte da vida das pessoas. Elas abrangem todas as áreas de nossas vidas, tais como: mudar de cidade ou de país, decidir por uma nova carreira, mudar de estado civil, de emprego, de casa, de vida.

Muitas mudanças são desejadas e outras imprevistas. Independentemente do jeito que for, novas situações nos levam a buscar formas diferentes de adaptação e dá a oportunidade para as pessoas de ampliar suas experiências e amadurecer.

Às vezes, a vontade de mudar existe na pessoa, é legítima, mas ela se vê paralisada diante das transformações que deseja realizar. Este é um fato muito comum que ocorre ao longo do processo de *coaching*, e à medida que a pessoa começa a se perceber e a se conhecer melhor, ganha autonomia e tem vontade de reformular para melhor algumas áreas da sua vida.

No entanto, deixar um estado conhecido para atingir um novo traz consigo aspectos desafiadores. Junto com a vontade de mudança também surgem as sensações de medo e insegurança. Será que vale a pena? Será que eu consigo? Trata-se de algumas das indagações naturais e é importante estarmos atentos para evitar possíveis boicotes e, assim, conseguirmos realizar as mudanças desejadas.

Objetivo: trabalhar mudanças pessoais.

Melhor utilização: sempre que for necessário, levar o *coachee* a repensar sua vida, para inserir novos comportamentos e deixar para trás atitudes, valores e/ou comportamentos que já não ajudam no seu crescimento e alcance dos objetivos.

Duração: 50 minutos aproximadamente.

Material necessário

- Lápis.
- Borracha.
- Folhas A4.
- Lápis de cera.

Passo a passo para a aplicação

1. Inicie conversando com o *coachee* sobre mudanças e a importância de empreendermos mudanças nas nossas atitudes, valores e/ou comportamento para alcançar nossos objetivos.
2. Entregue para ele duas folhas em branco (A4).
3. Peça a ele que desenhe em uma folha uma porta aberta e na outra folha uma porta fechada.
4. Oriente seu *coachee* a fazer portas bem bonitas e coloridas.
5. Depois de concluído os desenhos, dê a seguinte orientação:
   - Ao lado da porta aberta, você escreverá três coisas que você **QUER, PRECISA E PODE** abrir na sua vida para alcançar seus objetivos e/ou sonhos.
   - Ao lado da porta fechada, você escreverá três coisas que você **QUER, PRECISA E PODE** fechar na sua vida para alcançar seus objetivos e/ou sonhos.

6. Perguntar para o *coachee*:
   - O que você sente quando olha para estas duas portas?
   - Como você pode abrir na sua vida para o que QUER, PRECISA E PODE para alcançar seus objetivos e/ou sonhos? (Listar ações)
   - Tem mais alguma coisa?
   - Entre as ações listadas, selecione 1 para começar imediatamente?
   - Quando vai começar? (data e hora)
   - Como você vai fazer para se lembrar?
   - Como eu (*coach*) vou saber que você fez isso?

AUTOMOTIVAÇÃO

Motivação significa mover em determinada direção, persistindo até atingir determinado objetivo. Quando ela não está presente, tendemos a desistir do objetivo. Mas como recuperá-la? Primeiro, vamos pensar em como a perdemos.

Por exemplo, quando uma pessoa está estudando para um concurso importante e realiza provas sem sucesso repetidas vezes, ela começa a desanimar e perder gradativamente a motivação e o ânimo. Então, ela passa a questionar sua capacidade, a criar uma autoimagem negativa, gerando sentimento de incompetência, voltando-se para o seu mundo interno até desistir. Ela chega à conclusão que nunca vai conseguir. O autoquestionamento bloqueia a pessoa.

Essa pessoa precisa mudar sua estratégia para aprender que o caminho seguido até o momento a levou a algum tipo de esgotamento. Talvez, alguém experiente no assunto possa mostrar a ela que há a necessidade de mudança do seu ritmo, que ela precise selecionar melhor as matérias ou a preparar-se melhor fisicamente.

Enquanto a pessoa achar que o problema está dentro dela, não poderá encontrar as alternativas. O problema está no contexto e não no mundo interno da pessoa.

Objetivo: Encontrar a motivação para uma situação específica.

Melhor utilização: Para pessoas que se sentem desanimadas, descrentes em situações que já se sentiram muito motivadas. Por exemplo: vendedor, estudante, pessoas fora do mercado de trabalho.

Duração: 40 minutos.

Passo a passo para a aplicação

1. Reflita sobre esta situação específica em que se sente desmotivado. Examine em qual contexto ela ocorre, o cenário local e global, veja dados concretos.
2. Reconheça que a dificuldade é real, que pertence ao contexto e não a você.
3. Agora, pense em alternativas para lidar com esta situação. Imagine que você é especialista e tem no mínimo três respostas diferentes para esta situação. Liste cada uma delas. Pense em pessoas envolvidas, que podem ser fictícias ou reais.
4. Pergunte:
   - Em situação semelhante, como elas agiriam?
   - Como iriam lidar com este contexto?
   - Sabendo o que você sabe agora sobre motivação e da sua importância para o alcance dos resultados propostos, que ações você pode adotar para melhorar seu processo de estar novamente motivado?
   - O que mais?
   - Quais são os dois itens que são prioritários?
   - Destes dois pontos, qual o primeiro para começar a trabalhar já?
   - Quando você quer começar?
   - O que tem que acontecer para que no dia (colocar a data que ele estabeleceu) você comece (repetir o que ele escolheu para começar)?
   - Como vai fazer para se lembrar?
   - Quando você vai (repetir o que ele falou)?
   - Como eu (*coach*) vou saber que você fez isso?
   - O que você leva de aprendizagem desta sessão de hoje?

Opções de variação da técnica

Solicitar ao *coachee* para, na sua imaginação, convidar um sábio ou uma pessoa (fictícia ou real) que poderia sentar na sala junto com você e lhe dar as respostas.

O *coachee* irá expor a situação, apresentar o cenário e pedir ao convidado para sugerir no mínimo três alternativas.

O *coachee* falará para o *coach* o que o sábio está dizendo. Por fim, ele vai agradecer a presença do convidado e despedir-se dele.

Continuar... sabendo o que sabe ....

AUTORRESPONSABILIDADE

Autorresponsabilidade é a capacidade de atribuir unicamente para si a responsabilidade sobre aquilo que acontece em sua vida, seja positivo ou negativo.

Essa é uma habilidade que pode ser desenvolvida, mas que exige treino e dedicação. Geralmente transferimos a culpa, em especial quando falhamos de alguma maneira. É uma posição cômoda, fácil de ser mantida. Ao transferir a culpa, estamos abrindo mão de algo a mais.

Quando praticamos a autorresponsabilidade, tomamos para nós o controle da nossa vida. Afinal, se somos responsáveis pelas situações, podemos mudar os resultados por meio das nossas ações. Sem autorresponsabilidade, será impossível mudar a nossa vida.

O primeiro passo para a mudança, é entendermos que as nossas ações definem o que acontece em nossa vida. Esse controle pertence a cada um de nós e isso traz a autorresponsabilidade.

Objetivo: ajudar ao *coachee* a ampliar a consciência de sua responsabilidade para o alcance dos resultados.-

Melhor utilização: quando o *coachee* estiver perdendo tempo e energia com ações que tem pouca ou nenhuma contribuição para seus objetivos.

Duração: 60 minutos.

Material necessário

- Folhas A4.
- Lápis.
- Borracha.

Passo a passo para a aplicação

1º passo – Alinhar com o seu *coachee* o conceito de autorresponsabilidade.

A autorresponsabilidade vem de uma crença de que somos os únicos responsáveis pela vida que levamos, consequentemente somos os únicos que podemos mudá-la e direcioná-la.

Comece perguntando ao seu *coachee* (se nas respostas do *coachee* ficar claro que ele entendeu ser o responsável pelo sucesso ou fracasso do seu objetivo, não será necessário fazer todas as perguntas):

- O que realmente está acontecendo que dificulta a realização do seu objetivo?
- Quanto de controle pessoal ou influência você tem sobre o seu objetivo?
- Como você pode assumir total controle por seu objetivo?
- Como você pode fazer para minimizar as influências externas na realização de seus objetivos?
- O que está acontecendo agora que está fora de suas mãos?
- O que está te segurando?
- O que lhe impediu até o momento?
- Como você pode assumir o controle da situação?
- O que você deve fazer para eliminar interferências externas?
- Como especificamente você pode dominar os acontecimentos?
- O que você pode fazer para começar a agir?

Pergunte para o seu *coachee* se estas respostas fazem sentido para ele.

Ressalte a importância de não encontrar justificativas, mas sim soluções que possam ser implementadas por ele.

2º passo – Após as reflexões do primeiro passo pergunte a seu *coachee*

- Sabendo o que sabe agora, o que você pode fazer para atingir o seu objetivo? (Liste 5 ações).
- Qual ação que se você investir agora causará um impacto positivo e imediato em seu objetivo?
- Quanto você está comprometido em fazer isto acontecer?

3º Passo – Finalização da sessão de *coaching*

- Quando vai começar? (Data e hora).
- Como você vai fazer para se lembrar?
- Como eu (*coach*) vou saber que você fez isso?
- O que você leva dessa sessão de hoje para sua vida?
- Se pudesse resumir a sessão em uma palavra, como você sai daqui hoje?
- Porque valeu a pena estar aqui hoje?

CALIBRANDO O FOCO

Todos os dias somos bombardeados por milhares de informações que nos mantêm a par de tudo o que acontece a nossa volta, mas que causam distrações, as quais dificultam nossa persistência no caminho estabelecido para atingirmos os objetivos que estabelecemos.

Você já parou para pensar o que você faz com estas informações? O que elas contribuem para o alcance dos resultados que você estabeleceu?

Para alcançar o sucesso, a pessoa precisa perceber e se dedicar àquilo que lhe é mais importante, e, para isso, ela precisa ter foco.

Objetivo: propiciar ao *coachee* a oportunidade de vivenciar comportamentos e atitudes que contribuam para ajustar o foco de suas ações ao alcance dos resultados.-

Melhor utilização: quando o *coachee* estiver perdendo tempo e energia com ações que têm pouca ou nenhuma contribuição para seus objetivos.

Duração: 60 minutos.

Material necessário

- Folha para registro e observações.

Passo a passo para a aplicação

1º passo – Alinhar com o seu *coachee* o conceito de foco

Foco significa a nitidez de uma imagem, a visão de um objetivo bem definido, o centro e o ponto de convergência. Foco é quando se estabelece planejamento para atingir determinado alvo ou ação. O seu foco está concentrado e organizado para atingir as metas e alcançar o que se pretende.

A expressão "ter foco" significa ter um objetivo, estabelecer um planejamento, ser organizado e ter persistência para atingir as metas e alcançar o que se pretende.

Foco é, de fato, "a receita do bolo" ou aquilo que é necessário ter quando há um objetivo claro a cumprir. E, para isso, é necessário abrir mão de muitas coisas.

2º passo - Oriente seu *coachee* a estar aberto às mudanças e aceitar o fato de, algumas vezes, não entender facilmente todas as situações

Valorize sua intuição, pois ela é um dos recursos mais valiosos que existe.

3º passo – Peça ao seu *coachee* que faça o teste abaixo:

Informe ao seu *coachee* que não existe certo e nem errado. Existe o jeito dele de fazer.

Avise o *coachee* que não haverá julgamentos diante de suas respostas. Seja sincero nas respostas, sem medo e receios.

Teste: Você consegue manter o seu foco?

1) **Você está trabalhando em frente ao computador, quando um cachorro começa a latir na rua. O que acontece?**
   a) Nada. Você sequer ouviu o cachorro latindo.
   b) Começa a pensar no seu bichinho de estimação ou se gostaria de ter um ou não.

c) Ouve o cachorro, para um pouco o que está fazendo, mas logo volta aos afazeres.

2) Você está na cozinha preparando o almoço ou um lanche e o telefone toca. Você atende?

a) Para o que está fazendo para entender o telefone e, quando termina a conversa, você nem lembra que estava cozinhando.

b) Atende e continua cozinhando enquanto fala.

c) Depende. Se o telefone estiver próximo e você não estiver mexendo em nenhuma panela, sim. Se não, deixa tocar.

3) Você está conversando com os amigos sobre um determinado assunto e lembra que tinha uma coisa importante para dizer. O que você faz?

a) Diz que precisa contar uma coisa, mas que esperará a pessoa terminar o que tem a dizer.

b) É raro isso acontecer. Você gosta de prestar atenção no assunto em questão e só vai se lembrar de algo depois da conversa.

c) Já começa a contar o que lembrou, interrompendo a conversa.

4) Você está trabalhando no computador e sobe na tela um alerta de *e-mail* ou de alguma mídia social. Você para o que está fazendo para responder?

a) Checa para ver se é algo importante e só responde se for urgente.

b) Para responder, sendo importante ou não. Às vezes, até esquece o que estava fazendo no trabalho.

c) Não. Inclusive, você desativou essa opção de alertas para trabalhar sossegado.

5) Você vai ao *shopping* para comprar camisas, pois as suas estão muito velhas. O que acontece?

a) Se perde completamente na loja. É capaz de comprar tudo, menos as camisas.

b) Você chega, passa na loja de sempre, compra as camisas e vai embora.

c) Compra as camisas que precisa e depois dá uma passeada, vendo se precisa de mais alguma coisa.

6) Você está em casa, lendo um livro:

a) A leitura começa a te lembrar de várias outras coisas e, quando você nota, nem lembra em que parágrafo parou.

b) Para em alguns momentos para pensar no que leu e para ir ao banheiro. Não se importa muito em interromper a leitura.

c) Fecha a porta do quarto, pois detesta ser interrompido durante a leitura.

7) Você sai para almoçar pensando em comer apenas salada, alguma carne e uma sobremesa leve. O que acontece?

a) Exatamente o que você planejou. Você é muito organizado em suas refeições.

b) Chega ao restaurante e se perde com as opções. Acaba pegando um pouco de tudo.

c) Come o que estava planejando e mais alguma coisa que viu por lá e gostou.

8) Você se matriculou em uma academia. Como é a rotina de exercícios?

a) Tudo de acordo com o que o médico ou o *personal trainer* disseram.

b) Faz tudo direitinho, mas, às vezes, precisa faltar ou deixa de fazer alguma série de que não gosta.

c) Se perde. Quer fazer todos os exercícios ao mesmo tempo, todos os dias. Mais para frente, talvez desista da academia por falta de tempo.

3º passo – Depois de todo esse processo, pergunte ao seu *coachee*

- O que você ainda precisa saber sobre si mesmo que pode fazer a diferença na forma de guiar a sua vida?
- Onde você vai colocar foco agora para que você tenha resultados superiores em um mês? Em um ano? E em três anos?
- O que impede você de se tornar uma pessoa focada?
- Quais são as cinco opções para superar esses obstáculos?

Registre todas as suas respostas.

4º passo – Após as reflexões do terceiro passo, pergunte ao seu *coachee*

- O que você pode fazer para calibrar o seu foco e atingir o seu objetivo? (Liste 3 ações).
- Qual ação que se você investir agora causará um impacto positivo e imediato em seu objetivo?

5º Passo – Finalização da sessão de *coaching*

- Quando vai começar? (Data e hora).
- Como você vai fazer para se lembrar?
- Como eu (*coach*) vou saber que você fez isso?
- O que você leva dessa sessão de hoje para sua vida?
- Se pudesse resumir a sessão em uma palavra, como você sai daqui hoje?
- Por que valeu a pena estar aqui hoje?

CHAVE DO SUCESSO PARA ATINGIR SUA META

"Faça o que pode, com o que tem, onde estiver. "

Theodore Roosevelt

Muitas vezes, desejamos mudar nossa vida, realizar sonhos que ainda estão engavetados e atingir metas e objetivos que por algum motivo não conseguimos ainda concretizar.

A nossa capacidade de criar é infinita e transformar nossos sonhos em realidade é um dos grandes desafios. Ter ideias e *insights* é muito importante, contudo o mais importante é ter a habilidade de conduzir ideias e sonhos à execução final.

No entanto, há sempre alguma coisa que nos impede de colocar nosso plano de ação em prática, algo que nos impossibilita de atingir o resultado final e isso geralmente resultará em frustração.

Para isso, precisamos descobrir o que nos impede de atingir os resultados desejados. Que comportamentos podemos alterar para obtermos sucesso?

Muitas vezes, o que nos impede está relacionado às nossas crenças, às experiências vividas e a alguns obstáculos que nós mesmos criamos.

Para alcançar metas, precisamos acreditar em três pressupostos que são a chave do seu sucesso:

- Possibilidade: acreditar que meta é possível de atingir.
- Habilidade: acreditar na sua capacidade de realizá-la.

- Merecimento: acreditar que merece alcançá-la.

Acreditar que é possível, crer na sua habilidade (capacidade de realizar) e que você merece é a chave para o sucesso.

Por meio desta ferramenta, vamos trabalhar estes três pressupostos com o *coachee*, fortalecendo cada um deles para que, ao final da sessão, ele esteja capacitado a atingir todas as metas estabelecidas em sua vida.

Objetivo: demonstrar para o *coachee* que ele é merecedor de alcançar sua meta e identificar a crença limitadora do sucesso.

Melhor utilização: quando o *coachee* estiver com dificuldades em fazer suas tarefas para atingir suas metas.

Duração: 60 minutos aproximadamente.

Material necessário

- Folha em branco para registrar respostas.

Passo a passo para a aplicação

Estabeleça uma conexão com seu *coachee*, crie o *rapport* e proporcione um ambiente seguro, onde ele poderá sentir-se à vontade para dizer o que desejar, sem julgamentos de certo e errado.

Passo 1

1. Comece perguntando ao seu *coachee* se há alguma meta importante que ele ainda não conseguiu concretizar.
2. O que você acredita que te impede de alcançar esta meta?
3. Em outros casos, avalie com seu *coachee*, durante o processo, as tarefas que não foram realizadas. Faça a ele as seguintes perguntas:
   - Quais justificativas que você deu para você mesmo por não ter feito o que se propôs a fazer?
   - Você ficou confortável com isso? Fale mais a respeito.

   Registre as respostas.

Passo 2

Contextualize com seu *coachee* o pressuposto: POSSIBILIDADE.

Oriente seu *coachee* que, primeiramente, ele precisa acreditar em suas metas e na viabilidade delas. É fundamental que o *coachee* acredite que as metas são possíveis para ele, pois, se não, inconscientemente ele nem tentará alcançá-las.

Avalie os seus limites físicos, intelectuais, no entanto é importante ressaltar que nós desconhecemos a capacidade do ser humano e os seus limites. Por isso, é importante seguir em frente e manter o foco. Só descobrimos nossos limites ao testá-los.

Alinhe os conceitos de possibilidade e competência, pois as pessoas confundem e entendem que algo não é possível de realizar, mas, na verdade, não se descobriu ainda como fazê-lo.

Faça as seguintes perguntas:

- O quanto você acredita na possibilidade de realizar a sua meta?
- Se você pudesse mensurar, de 1 a 10, o quanto sua meta e viável?
- Esta meta é apropriada para você?
- Ao atingir sua meta, quais serão seus ganhos?

Passo 3

Contextualize com seu *coachee* sobre o pressuposto: HABILIDADE.

Quando o *coachee* acredita que é incapaz de realizar sua meta, aí se instaura uma barreira. Reflita com ele que é impossível dizer que um fato ainda não realizado não pode ser feito. Até atingir a meta você não saberá se é possível.

No passado, por exemplo, acreditava-se que um ser humano era incapaz de correr a ponto de atingir uma milha em menos de 4 segundos. E isso foi realizado. Abrindo precedentes, outros também fazerem. Atualmente, acreditava-se que uma pessoa na faixa etária entre 95 e 99 anos era incapaz de percorrer um circuito de 5km. Então, conforme noticiado no *site* <www.ativo.com>, o norte-americano Bob McAdam provou o contrário. Ele estabeleceu um novo recorde mundial para esta faixa etária na distância de 5km. Durante a *Turkey Day 5K*, no dia 24 de novembro de 2016, no Colorado, o atleta de 96 anos completou o percurso em 48min19s, superando a marca anterior de 50min10s. Tal feito ampliará a capacidade de outros em realizá-lo. Essa realização, antes considerada impossível, agora é um lugar comum. Oriente o seu *coachee* para ter a mente aberta sobre suas habilidades.

Faça a ele as seguintes perguntas ao seu *coachee*:

- O quanto você acredita ser capaz de atingir essa meta?
- Quais os indicadores de que você atingiu sua meta?
- O que você pode fazer para atingir essa meta?
- Quais habilidades você possui que possibilitam atingir seu objetivo?

Passo 4

Contextualize com seu *coachee* sobre o pressuposto: MERECIMENTO.

Para realizar suas metas, o *coachee* precisa acreditar que as merece. Conforme suas experiências, algumas pessoas acreditam não serem merecedoras de algo que não se esforçaram muito para ter ou acreditam que conseguirão as coisas por conta da generosidade dos outros e não por seus méritos e esforços. Nesse momento, é importante quebrar esses paradigmas com o seu *coachee*. É preciso que você como *coach* leve-o a refletir que ele é merecedor do que é capaz de realizar.

Faça as seguintes perguntas ao seu *coachee*:

- O que teria de acontecer para você merecer isso?
- Você conhece alguém que merece isso?
- O que essa pessoa tem de diferente de você?
- Em que circunstâncias você acredita merecer isso?

Passo 5

Durante todo o processo, analise as respostas do *coachee* e anote os pontos mais importantes. Avalie em qual pressuposto o *coachee* tem mais dificuldade, depois faça uma recapitulação dos pontos mais relevantes, resgate as respostas do primeiro passo e trace um plano de ação junto com o *coachee*.

Passo 6

Diante de tudo o que conversamos sobre os pressupostos da chave do sucesso possibilidade, habilidade e merecimento, questione seu *coachee.*

- Qual você acredita ter maior potencial de desenvolvimento?

Escolhido o pressuposto pelo *coachee*, pergunte-lhe:

- Quais comportamentos que você tem hoje podem contribuir para ampliar esse pressuposto?
- Que ações você pode realizar imediatamente para ampliar esse pressuposto? Cite pelo menos 3 ações.
- Destas 3 ações, qual você acredita ser prioridade?

Passo 7

Recapitulação, comprometimento e encerramento da sessão:

Faça as seguintes perguntas ao seu *coachee.*

- Então, você está me dizendo que para ampliar o pressuposto escolhido você.... (Citar a ação pretendida).
- Quando você se sente pronto para iniciar esta ação? (especificar o dia, a hora e o prazo para conclusão da tarefa).
- Como você pode garantir que esta tarefa será realizada? (solicitar que o *coachee* defina uma forma de lembrete para que a tarefa seja cumprida).
- Agora que você já definiu o que precisa fazer, de 1 a 10, o quanto você está disposto a realizar essa tarefa?
- É muito importante nesse processo que eu acompanhe seus resultados. Como eu (*coach*) vou ficar sabendo que você fez isso? (definir forma de contato: *e-mail*, SMS, *WhatsApp*, telefone, dia e hora em que ele repassará a informação).
- Para o aprendizado, o *coach* poderá utilizar uma das perguntas abaixo, ou mais de uma se preferir:
  - Que aprendizados ou *insights* você teve na sessão de hoje?
  - O que você leva dessa sessão de hoje para sua vida?
  - Se pudesse resumir a sessão em uma palavra, como você sai daqui hoje?
  - Porque valeu a pena estar aqui hoje?

Faça a desconexão com o seu *coachee*, agradeça-o pela confiança dispensada e encerre a sessão.

CONHECENDO A SI MESMO

Autoconhecimento significa estar consciente de quem você é na essência. A consciência é o que faz o ser humano poder observar e interagir com tudo o que existe dentro e fora de si. É ainda perceber e conhecer o mundo que nos rodeia, sempre atento às pessoas que estão próximas.

A partir da consciência, é possível tirar suas conclusões próprias e verdadeiras do que é melhor e pior para sua vida. Quando desenvolvemos o autoconhecimento, tomamos consciência das nossas metas, dos nossos objetivos e propósitos, repensamos nossas atitudes, fortalecemos nossas qualidades, enfrentamos eventuais mudanças e aceitamos as emoções (positivas ou negativas), trabalhando para que elas sejam modificadas.

Este processo de autoconhecimento permite que a pessoa cresça e conheça a sua essência, alcance uma melhor qualidade de vida e bem-estar e adquira autonomia sobre a sua vida, escolhas, objetivos e, com certeza, sua história. As chances de ter sucesso na vida pessoal e profissional serão ainda melhores.

Objetivo: gerar reflexão e informações sobre o *coachee*, a fim de que ele organize a percepção sobre si mesmo e possa estabelecer de forma clara as suas metas e as propostas.

Melhor utilização: propiciar ao *coachee* se conhecer melhor.

Duração: 60 minutos.

Material necessário

- Folhas A4.
- Lápis.
- Borracha.

Passo a passo para a aplicação

1º passo – Conhecendo-se melhor

Converse com o seu *coachee* sobre a importância do autoconhecimento, pois, quando a pessoa se conhece, ela assume a responsabilidade por sua vida, escolhas e atitudes. Em vez de achar culpados, de focar nas soluções que estão no seu campo de controle, ela elimina a necessidade de achar justificativas tranquilizadoras que a mantenha na sua zona de conforto.

1) **Quem é você na sua essência?**
   - Quais são seus sentimentos, emoções, medos e motivações?
   - Do que você gosta e não gosta? Em que se inspira?
   - Qual a frase que melhor te define?
   - Quais dão seus livros preferidos?
   - Quais são seus sonhos?

2) **O que te faz verdadeiramente feliz?**
   - Como é quando se sente feliz?
   - O que faz você sentir-se pleno e realizado?
   - Quando se sente em paz e equilibrado?

3) **Qual o seu propósito de vida?**
   - O que te faz levantar todos os dias?
   - Onde você dedica as suas energias?

4) **Quais são os seus talentos e habilidades?**
   - O que você tem de melhor?
   - O que te destaca dos demais?

- No que você é diferenciado e especial?
- Você está utilizando suas habilidades ao seu favor?

5) **Quais são seus pontos de melhoria e como trabalhá-los?**
   - Quais os comportamentos e atitudes estão sabotando seus resultados?
   - Qual o seu plano de ação para eliminar ações que prejudicam sua carreira e relações pessoais?
   - O que você está fazendo, verdadeiramente, para melhorar isso?

Quero realmente mudar?

6) **Onde e como você quer estar daqui a 5, 10 e 15 anos?**
   - Como você deseja ser conhecido daqui 15 anos?
   - Quero estar no Brasil ou em outro país? Quero trabalhar para os outros ou em minha empresa?

7) **Quais são as suas principais conquistas até aqui?**
   - Do que você pode se orgulhar?
   - O que você fez por você, para sua família que são dignos de reconhecimento?
     (Ex.: Terminei minha graduação. Comprei meu carro. Minha casa própria.).

8) **Você é reconhecido no seu trabalho e na sua carreira?**
   - Como seus colegas, superiores e empresa te veem?
   - Você tem criado e tido oportunidades reais de crescimento em sua carreira?
   - Como você quer estar daqui a 5 anos nesta empresa?
   - Posso e quero chegar a uma posição de liderança?
   - Está investindo em desenvolvimento contínuo?

9) Como as pessoas ao seu redor te veem?

- Você é respeitado, querido e amado por sua família?
- Eles reconhecem seus esforços para ter um futuro melhor?
- Você é visto como alguém solidário, prestativo e humano ou como uma pessoa egoísta e mimada?

10) Qual legado você quer deixar para o mundo?

- Como você quer que as pessoas se lembrem de você quando não estiver mais aqui?
- Quero que amem e me respeitem pelo que sou ou pelo que tenho?

2º passo – Qualificando a conversa

Converse com seu *coachee* e veja que pontos foram mais significativos para ele.

- Alguma resposta o surpreendeu?
- Já tinha pensado sobre si mesmo desta forma?
- Gostaria de acrescentar alguma coisa?

3º passo – Gerando ações

- Sabendo o que sabe agora, o que você pode fazer para atingir o seu objetivo? (Liste no mínimo 5 ações).
- Em qual destas ações se você investir agora causará um impacto positivo e imediato no seu objetivo?
- De 0 a 10, o quanto você está comprometido em fazer isto acontecer?

3º Passo – Finalizando a sessão de *coaching*

- Quando vai começar? (Data e hora).
- Como você vai fazer para se lembrar?
- Como eu (*coach*) vou saber que você fez isso?
- O que você leva dessa sessão de hoje para sua vida?
- Se pudesse resumir a sessão em uma palavra, como você sai daqui hoje?

CORRIDA DA CONFIANÇA

Como qualquer outro sentimento ou emoção, a autoconfiança é desenvolvida por meio da prática diária. Muitas pessoas esperam por momentos para se sentirem confiantes, como se isso fosse algo mágico, para só depois entrar em ação. Para que a pessoa se torne autoconfiante, ela deve agir com determinação apesar da incerteza e do medo.

Todos nós já vivenciamos o sentimento de autoconfiança em nossas vidas, mas algumas vezes e em determinadas situações, nos esquecemos de como ter acesso a este fantástico recurso. A boa notícia é que podemos reproduzir os comportamentos que nos geram autoconfiança.

De certo modo, temos o caminho interno para nos sentirmos autoconfiantes. Algumas vezes, precisamos de estímulos para ativar nossa coragem e conquistar nossos objetivos e metas. E para isso, temos que enfrentar situações de medo, dúvida ou incerteza.

Objetivo: trabalhar a autoconfiança para alcançar os objetivos.

Melhor utilização: sempre que o *coachee* tiver dificuldade para alcançar seus objetivos, pois não acredita na sua própria força.

Duração: aproximadamente 50 minutos.

Passo a passo para a aplicação

1) Fale para o *coachee* que agora ele fará um exercício que exige muita concentração e espírito de determinação, atitudes muito importantes para alcançar seus objetivos.

2) Sensibilize o *coach* para as questões do medo e da importância do primeiro passo: ritmo pausado, segurança, determinação e concentração.

- Pergunte se ele recorda de alguma situação em que sentiu muito medo.
- Peça a ele que detalhe a situação e, se possível, recorde as emoções. Diga que todo conflito exige coragem para mudanças e, acima de tudo, confiança. O medo existe e faz parte do processo. É importante admiti-lo, mas temos que enfrentá-lo para acabarmos com nossos conflitos e tomarmos as nossas decisões. É preciso acreditar e confiar porque, muitas vezes, vemos obstáculos onde não existe; o medo está dentro de nós: **por isso faço um convite a você a convocar o seu guerreiro, experimentar o medo e resgatar a sua confiança.**
- Explique que a atividade se inicia onde ele está (colocar o *coachee* em um canto da sala com um espaço mínimo de 3 metros até onde vai ficar o *coach*) e deverá vir até você (*coach*), correndo de olhos fechados e com as mãos para trás. Você deverá explicar/garantir que não há nenhum perigo, pois estará à frente para segurá-lo.
- Para que não tenham nenhum problema há um protocolo de segurança, o qual você deverá usar para uma demonstração. Use o protocolo de segurança que é: NOME – dizer ESTOU INDO – esperar que o *coach* diga OK. O *coachee* só poderá começar a corrida depois de dizer: NOME – ESTOU INDO – e esperar que o *coach* diga OK. Muitas pessoas não conseguem da 1ª vez. Alguns abrem os olhos, outros param no meio do caminho, andam em vez de correr, etc. Em todos os casos, deverá repetir a atividade até conseguir correr de onde está até onde está o *coach* com os olhos fechados e de forma determinada e confiante.
- Dica: se for necessário, o *coach* poderá ajudá-lo segurando suas mãos pelo percurso até que ele consiga sozinho. Ao final da

corrida, pergunte-lhe como ele está se sentindo e como se sentiu durante a atividade.

- Peça a ele que descreva como foi fazer a atividade. Cite os pontos principais mais marcantes para ele. Depois, é seguir para a sessão de *coaching* de forma a chegar a uma tarefa. Pergunte ao *coachee* se a autoconfiança é uma atitude presente na sua vida.

3) Perguntas, de sessão de *coaching*, para chegar à tarefa:

- Sabendo o que sabe agora, o que gostaria de fazer para fortalecer sua autoconfiança?
- Entre estas opções que listamos, selecione 3 para começar a exercitar sua autoconfiança.
- Destas 3 opções selecionadas, escolha 1 para começar a praticar imediatamente.
- Quando é que você gostaria de começar a trabalhar nisto?
- Quando você tiver iniciado este, "experimentar", o que estará fazendo de diferente.
- Como é que você vai se lembrar deste seu compromisso?
- Tem algum horário, mais específico, para começar?
- Como posso ficar sabendo?
- Qual a sua aprendizagem com esta atividade de hoje?

DE FRENTE COM VOCÊ

"O estado da sua vida nada mais é do que o reflexo do estado da sua mente."
Wayne Dyer

Autoestima é a forma como nos sentimos em relação a nós mesmos, ou seja, consiste em uma avaliação que fazemos de nós mesmos.

Para entendermos mais sobre esse assunto, é necessário alinharmos alguns conceitos, como: autoestima, autoconceito, autoaceitação e autoconfiança.

- Autoestima é o que sentimos a respeito de nós.
- Autoconceito é o que pensamos sobre nós mesmos.
- A autoaceitação significa uma postura positiva em relação a nós mesmos, ou seja, é aceitar quem somos com nossas fraquezas e dificuldades.
- Autoconfiança é a nossa capacidade de acreditar que somos capazes de fazer e realizar.

Autoestima, autoconceito, autoconfiança e autoaceitação estão intimamente ligadas e se influenciam mutuamente. Todo esse conjunto reflete um julgamento implícito que fazemos da nossa capacidade de lidar com desafios, entender e resolver problemas, sermos felizes, nos respeitar e defender nossos interesses.

Estar com a autoestima elevada possibilitará à pessoa orientar sua vida de maneira assertiva, alcançar o bem-estar emocional desejado e estar satisfeita com suas decisões e escolhas.

Objetivo: estimular o *coachee* a avaliar o percentual de satisfação consigo mesmo e ampliar a percepção de si mesmo.

Melhor utilização: quando o *coach* perceber que o baixo nível de autoestima do *coachee* está comprometendo os resultados.

Duração: 60 minutos aproximadamente.

Material necessário

- Folha em branco para registrar respostas.

Passo a passo para a aplicação

1º) Oriente o *coachee* que vocês trabalharão uma ferramenta de autoestima. Contextualize sobre a importância de ele desenvolver a autoestima para se sentir merecedor da felicidade e capaz de enfrentar as adversidades da vida com mais confiança, otimismo e assim alcançar o que é desejado.

Pergunte ao seu *coachee*:

- O que você entende por autoestima?

Alinhe o conceito de autoestima com o seu *coachee*.

Agora, explique ao *coachee* que a autoestima é a combinação de três referências:

- Como ele se vê.
- A imagem que ele gostaria de projetar aos outros.
- Como os outros o veem.

O primeiro passo para a mudança é se conhecer, para assim alinhar o seu comportamento com sua fala e ações. Pergunte ao *coachee*:

- Como você se vê?
- Como você gostaria que as pessoas te vissem?
- Quando as pessoas te conhecem, qual a impressão elas têm de você?

Registre as respostas e reserve.

1. Nesse passo, analise junto com o *coachee* o seu nível de satisfação em relação a si mesmo, sua autoestima e sua vida.
   - O que mais você gosta em você?
   - Tem algo que você não gosta e gostaria de mudar? Fale mais.
   - Se você pudesse mudar alguma coisa na sua vida, o que seria? Fale a respeito.
   - O que te impede de mudar?
   - De 1 a 10, quanto você é satisfeito com a sua autoestima? Fale a respeito.

2. Faça uma breve recapitulação de tudo o que foi falado até o momento. Proponha ao *coachee* que reflita sobre suas respostas, sobre a maneira como ele se percebe faça as seguintes perguntas:
   - Se você pudesse mudar um comportamento para ampliar sua autoestima, qual seria?
   - Como você faria isso?
   - Tem alguma habilidade que você precisa desenvolver para ficar 100% satisfeito com sua autoestima?
   - Qual será o indicador que você conseguiu para atingir o seu objetivo?
   - O que você pode fazer agora para ficar 100% satisfeito consigo mesmo? Enumere três ações.
   - Dentre essas três ações, qual você começará imediatamente?

   Registre todas as respostas e trace um plano de ação junto com o *coachee*.

3. Recapitulação, comprometimento e encerramento da sessão: Faça as seguintes perguntas.
   - Então você está me dizendo que para ...... você .... (Citar a ação pretendida).
   - Quando você se sente pronto para iniciar esta ação? (Especificar o dia, a hora e o prazo para conclusão da tarefa).

- Como você pode garantir que esta tarefa será realizada? (Solicitar que o *coachee* defina uma forma de lembrete para que a tarefa seja cumprida).
- Agora que você já definiu o que precisa fazer, de 1 a 10, o quanto você está disposto a realizar essa tarefa?
- É muito importante nesse processo que eu acompanhe seus resultados. Como eu (*coach*) vou ficar sabendo que você fez isso? (Definir forma de contato: *e-mail*, SMS, *WhatsApp*, telefone, dia e hora que ele repassará a informação).

4. Para o aprendizado, o *coach* poderá utilizar uma das perguntas abaixo, ou mais de uma se preferir:
   - Que aprendizados ou *insights* você teve na sessão de hoje?
   - O que você leva dessa sessão de hoje para sua vida?
   - Se pudesse resumir a sessão em uma palavra, como você sai daqui hoje?
   - Porque valeu a pena estar aqui hoje?

5º. Agradeça pela confiança dispensada e encerre a sessão.

DECIDA AGORA

A tomada de decisão pode ser um processo simples ou complexo, dependendo do grau de importância, do objetivo a ser alcançado e dos reflexos da escolha na vida da pessoa. O ato de decidir está intrínseco na natureza humana sempre que envolve uma escolha na busca da solução de um problema, ou mesmo quando há alternativas para alcançar um objetivo.

Frente a competitividade imposta pelo mundo que nos cerca, o processo decisório torna-se uma questão de suma importância para a sobrevivência e para o sucesso ao alcance dos objetivos propostos.

As decisões são escolhas feitas com base em propósitos e ações orientadas para determinado objetivo e o alcance deste objetivo determina a eficiência do processo de tomada de decisão.

Neste ambiente instável e inteiramente novo, somos obrigados a tomar decisões, não só em maior número, mas de forma cada vez mais rápida.

Assim, em nossa vida, o processo decisório é uma constância e precisamos assumir a responsabilidade dos riscos e participar efetivamente das escolhas pelas melhores alternativas em direção aos objetivos.

Objetivo: perceber o próprio processo de tomada de decisão. Refletir sobre o ato de decidir, suas facilidades, dificuldades e consequências.

Melhor utilização: sempre que o *coachee* mostrar dificuldade para tomar decisões.

Duração: 50 minutos aproximadamente.

Material necessário

- 1 Cartão verde (sim) e 1 cartão vermelho (não) – aproximadamente 10 x 15cm.
- Folha em branco para registrar as respostas

Passo a passo para a aplicação

Comece conversando com o *coachee* sobre a importância de tomar decisões e o que implica no processo – escolhas e consequências.

A tomada de decisão envolve uma série de elementos, como medo, ansiedade, dúvidas, tensões que necessitam de ser trabalhadas cuidadosamente.

É importante explorar essa questão com ele, verificando quais as dificuldades mais frequentes para a busca de atitudes que facilitem a tomada de decisão.

Dificuldades geralmente encontradas: pouco conhecimento de si próprio, falta de perspectiva em relação ao futuro, pouca informação sobre a situação diante da qual se encontra.

Enfatize a necessidade da tomada de decisão para o alcance dos objetivos propostos por ele. No processo de tomada de decisão, é preciso levantar alternativas e consequências para não se tomar atitudes indesejadas.

Nesse processo, uma coisa é certa: não se pode ter tudo. É importante que o *coachee* perceba que toda escolha implica ganhos e perdas. Na verdade, há situações em que a escolha é imediata, como sair de um veículo em chamas, e outras que exigem uma reflexão aprofundada e tempo para isso. Existem ainda escolhas definitivas, aquelas de que não se pode voltar atrás, como o nascimento de um filho, e outras que podem ser modificadas ao decorrer da vida, como a escolha profissional. Entretanto, é sempre necessário decidir e poder tomar rumos a partir da própria escolha e, dessa forma, sair do imobilismo que nos ameaça toda vez que necessitamos optar.

Convide-o a praticar um pouco a tomada de decisão.

Explique ao *coachee* que você apresentará várias propostas, uma de cada vez, às quais ele deverá responder de forma negativa – mostrando o cartão vermelho – ou de forma afirmativa – mostrando o cartão verde, levantando os cartões. Para esta atividade, será necessário tomar decisões rápidas.

Propostas para tomada de decisão: (formular outras perguntas que achar mais adequadas para o seu *coachee*)

a) Viajar para uma cidade grande (São Paulo, Nova York), como doméstica ou jardineiro, por seis meses.
b) Atender os afazeres domésticos, tendo de faltar aos encontros dos amigos.
c) Trabalhar num posto médico todas as tardes.
d) Saber a verdade acerca do seu passado – você é filho(a) adotivo(a).
e) Experimentar uma droga ilícita para ver como é.
f) Tomar parte numa ocupação de terra.
g) Denunciar à polícia a existência de um traficante e/ou criminoso no bairro.
h) Trocar a profissão de artesão por um emprego.
i) Sair de um ônibus que está prestes a incendiar, correndo o risco de cair num abismo.
j) Divorciar depois de muitos anos de casamento, sem um motivo aparente.

Pergunte para o *coachee*

- Quais os sentimentos e emoções experimentados durante a atividade?
- Que propostas foram difíceis de responder? Por quê?
- O que percebeu sobre o seu processo de decisão?
- Fale para ele que as pessoas tomam as decisões de várias formas – por impulso, adiando a decisão, não decidindo, deixando que os outros tomem as decisões, avaliando as alternativas e escolhendo uma.
- Qual é a forma como você toma suas decisões?

- Você acredita que as pessoas controlam o seu próprio "destino" ou o "destino" controla a vida das pessoas?

(Deixe que ele fale a vontade, pontuando a importância de ele assumir o controle da sua vida. Que há fatos/situações que não estão ao nosso controle, mas podemos controlar o impacto que tem sobre nós e o que faremos com ele.)

Sabendo o que você sabe agora sobre tomada de decisão e da sua importância para o alcance dos resultados propostos, que ações você pode adotar para melhorar seu processo de tomada de decisão?

- O que mais?
- Quais são os dois itens que são prioritários?
- Destes dois pontos, qual o primeiro para começar a trabalhar já?
- Quando você quer começar?

DEPOIS EU FAÇO!

Vamos começar definindo o que é Procrastinar – ato de adiar algo ou prolongar uma situação a ser resolvida para depois. (Dicionário Aurélio).

No nosso dia a dia, a procrastinação é um comportamento considerado "normal" ao ser humano, no entanto pode ser muito prejudicial quando isso começa a impedir o funcionamento de atividades rotineiras pessoais ou profissionais.

O verbo procrastinar é utilizado no sentido de negligenciação de atividades, ou seja, quando um trabalho não recebe a devida atenção e importância que deveria, sendo deixado de lado para a produção de outras atividades menos importantes, por exemplo.

O ato de procrastinar está relacionado com a ansiedade, com o *stress*, com a falta de criatividade e com outros sentimentos que colaboram para a desconcentração da pessoa de seu objetivo.

Existem algumas técnicas simples que ajudam as pessoas a diminuírem o ritmo da procrastinação, ao focarem principalmente na otimização da divisão do tempo de produção de trabalho, de entretenimento e descanso.

Objetivo: promover uma reflexão sobre a utilização do tempo e o seu impacto no alcance dos resultados estabelecidos.

Melhor utilização: utilizar esta ferramenta quando o *coachee* não estiver conseguindo realizar as tarefas combinadas para atingir sua meta.

Material necessário

- Folha de papel em branco para o *coachee* fazer uma lista das suas atividades diárias.
- 4 relógios (Anexo 1 – Relógios)
- Lápis de cor, pincéis ou giz de cera nas cores verde, amarelo e vermelho.

Duração: 60 minutos aproximadamente.

Passo a passo para a aplicação

1ª etapa

Solicitar que o *coachee* faça uma lista das suas tarefas diárias (este pedido pode ser feito antes para que o *coachee* prepare antes da sessão de *coaching*).

Perguntar para o *coachee*.

- Posso apresentar a você um conceito que acho importante para este processo?
- Você sabe o que é procrastinação?

Conceito

Procrastinação significa adiamento de uma ação. Grosso modo, poderíamos dizer que seria aquela mania de deixar tudo para depois. Adiamos o máximo possível algo que poderíamos ter iniciado antes.

É interessante analisarmos que a procrastinação só prevalece no dever. Não procrastinamos coisas de que gostamos ou sentimos prazer. O psicólogo Joseph Ferrari em seu livro **Procrastinação** relata: "a maioria de nós começa o dia procrastinando, ao apertar aquele botão do despertador que permite ficarmos na cama por mais cinco minutinhos."

Quando procrastinamos deixamos de fazer algo. Nesse sentido, é importante analisar a si mesmo e verificar em quais momentos você procrastina.

Um aspecto interessante que podemos pensar é que *sempre estamos fazendo algo.* Não há como não fazer nada. No mínimo você respirará, e, igualmente, terá sensações corporais, sentimentos e pensamentos que vem e vão.

Deste modo, o adiamento de uma ação, ou a procrastinação é exatamente isso: **escolher fazer uma coisa não importante e deixar de fazer o mais importante.**

2ª etapa

Verificar como o *coachee* utiliza o seu tempo para atingir o seu objetivo.

Relógio 1 – Calcular quantas horas ele gasta em cada atividade relacionada (feita no 1ª passo). Anotar em frente a cada tarefa e depois representar estas horas no relógio. Conforme o objetivo do processo de *coaching*, leve-o a escolher uma área pessoal, social ou profissional para trabalhar neste momento. Posteriormente, ele pode trabalhar as outras áreas da vida, fazendo uma integração sistêmica.

Relógio 2 – Classificar as tarefas da área escolhida (pessoal, social ou profissional) como: Importante – Urgente – Circunstancial (resgatar os conceitos).

Conceito

- **Importante** – refere-se a todas as atividades que você faz e são relevantes na sua vida – aquelas que trazem resultado de curto, médio e longo prazo. Vale ressaltar que a importância deve ser focada em você e não nos outros. Geralmente, estão relacionadas com um dos 4 corpos que são: físico, mental, emocional e espiritual. Elas variam de acordo com cada pessoa. Veja alguns exemplos: físico – praticar exercícios, cuidar da saúde, etc.; mental – estudar, se dedicar ao projeto dos seus sonhos, ter hum *hobby*, etc.; emocional – passar mais tempo com seu par, familiares, amigos, ou seja, com quem você ama, sorrir, etc.; e espiritual – orar, meditar, etc. Estas atividades têm um sentido verdadeiro em sua vida e fazem com que você se sinta vivo.
- **Urgente** – são as atividades que precisam ser realizadas no exato momento em que surgem e costumam gerar estresse ou

trazer consequências negativas se não forem resolvidas. Essas tarefas costumam interromper a nossa rotina e atrasar o que realmente deveria ser feito.

Como evitar: muitas vezes, não temos controle sobre o surgimento de tarefas urgentes, entretanto existem algumas medidas que podemos ter para reduzir a ocorrência delas.

Planejamento: o primeiro passo é planejar, pois se você sabe que existe algo que precisa ser feito não há motivos para deixar para a última hora e transformá-lo em uma urgência.

Dizer NÃO: para muitas pessoas dizer "não" é algo comum, mas para outras pode ser um grande desafio. Ao dizer "sim" para tudo você não estará apenas se prejudicando, mas também a todos aqueles que estão ao seu redor.

Delegar: em muitos casos, outras pessoas poderão realizar determinada atividade com mais eficiência do que você. Então, não hesite em delegar atividades para evitar que se tornem uma urgência e atrapalhem o seu dia.

- **Circunstancial** – são as tarefas que você é levado a fazer por causa das circunstâncias, que podem vir de outras pessoas ou serem resultados de seus antigos hábitos. Elas apenas desperdiçam o seu tempo e não agregam valor para a sua vida, como reuniões desnecessárias, eventos com pessoas que não fazem diferença para você, horas desperdiçadas assistindo a programas de TV sem conteúdo, navegação em redes sociais e visita a *sites* de fofoca, etc.

Como Evitar: para evitar que as tarefas circunstanciais continuem consumindo o seu tempo, pare e pense nas horas que está desperdiçando fazendo coisas que não acrescentam em nada para a sua vida. Reflita, também, sobre os momentos em que permitiu que as circunstâncias atrapalhassem a realização dos seus sonhos.

É necessário lembrar que o IMPORTANTE negligenciado hoje será o URGENTE de amanhã.

Oriente o *coachee* a calcular quantas horas diárias ele deixa para as atividades importantes / urgentes / circunstancial. Diga-lhe para preencher o círculo no relógio 2 a fim de verificar como está o uso das horas.

Ajude-o a classificar as tarefas que são desafiadoras (verdes) e as que são desagradáveis (vermelho) - preencher o círculo para verificar como está o uso das horas.

- Você já tinha pensado nas suas atividades dessa maneira?

3ª etapa

Verifique onde as horas se concentram – importantes / urgentes / circunstancial / desafiadora / desagradável – e se alguma coisa pode ser mudada.

- Se tiver de fazer uma escolha em função do tempo, qual tarefa você geralmente deixa de fazer?
- Tem alguma tarefa que gostaria de acrescentar e não consegue achar tempo?
- Esta nova tarefa esta diretamente ligada ao seu objetivo?
- Tem alguma tarefa que você poderia deixar de fazer?

4ª etapa

Levante o custo da procrastinação. Calcule o valor da hora x procrastinação.

- Pensando no seu dia a dia, qual o custo da sua hora?
- A cada tarefa não realizada, o que você deixa de ganhar? Liste.
- Qual é o seu ganho ao realizar as atividades e atingir seu objetivo?
- Já tinha pensado no uso do seu tempo desta maneira?
- Faz sentido para você?

5ª etapa: estratégias antiprocrastinação

Baseado neste *checklist*, verificar se estas atividades estão relacionadas e contribuindo com o seu objetivo.

- Que estratégias você pode estabelecer para cumprir as tarefas favoráveis ao seu objetivo? O que mais?

6ª etapa: mudando os comportamentos antiprocrastinação.

DECIDIR - trata-se de um momento de decisão. A melhor coisa a fazer é a coisa certa a fazer, a melhor coisa seguinte é a errada, e a pior coisa é não fazer nada. Faça escolhas.

Geralmente, as pessoas ao fazerem um *checklist* não priorizam o mais importante e não sabem por onde começar.

Baseado no *checklist*, é hora de decidir por onde começar. Façam uma escala de 1 a 5, sendo, 1 para a maior prioridade e 5 para de menor prioridade.

Para isso, faremos um exercício de imaginação.

Você já atingiu sua meta, está plenamente satisfeito com o seu desempenho e orgulhoso de si mesmo ao longo do processo.

- Quais são as 5 ações que realizadas possibilitam o atingimento do seu objetivo?
- Qual a ordem de prioridades (de 1 a 5)?
- Quer começar por qual?
- E depois?
- E depois?

7ª etapa: Agir.

Pense em como quer fazer a gestão do seu tempo. Preencha o 4ª relógio com a distribuição ideal do seu tempo, considerando seus objetivos.

- Defina uma data para começar cada tarefa.
- Para mim, é muito importante acompanhar este progresso. Como eu vou ficar sabendo?
- Que aprendizado você teve com esta tarefa?

ANEXO 1 - RELÓGIOS

Relógio 1: Agrupe as atividades: PESSOAL, CONHECIMENTO, TRABALHO.

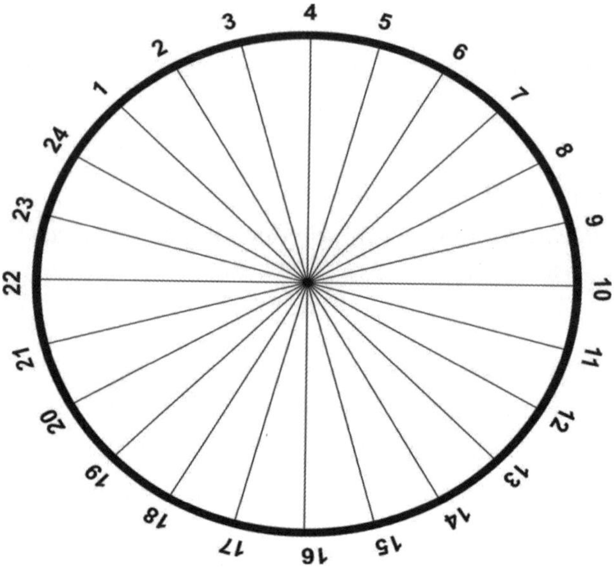

Relógio 1: Agrupe as atividades: IMPORTANTE na cor verde; URGENTE na cor amarela; e CIRCUNSTANCIAL na cor vermelha.

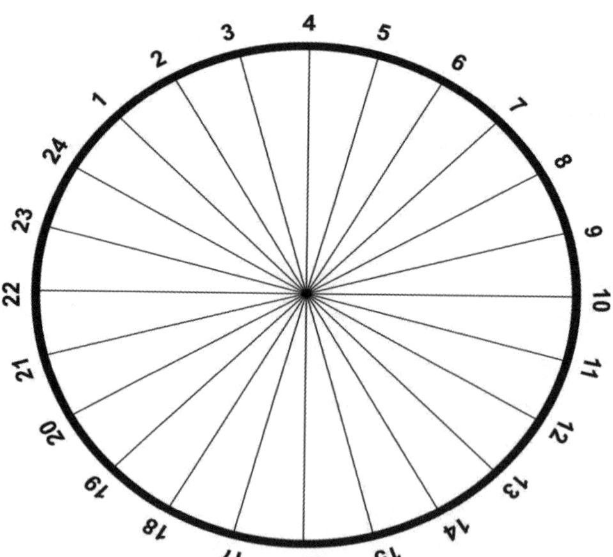

Relógio 3: Agrupe as atividades: DESAFIADORA na cor verde e DESAGRADÁVEL na cor vermelha.

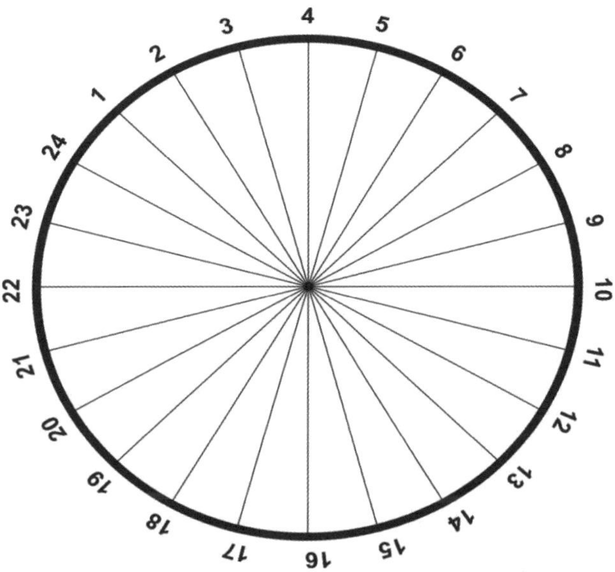

Relógio 4: Gestão do Tempo: Como quero fazer a gestão do meu tempo.

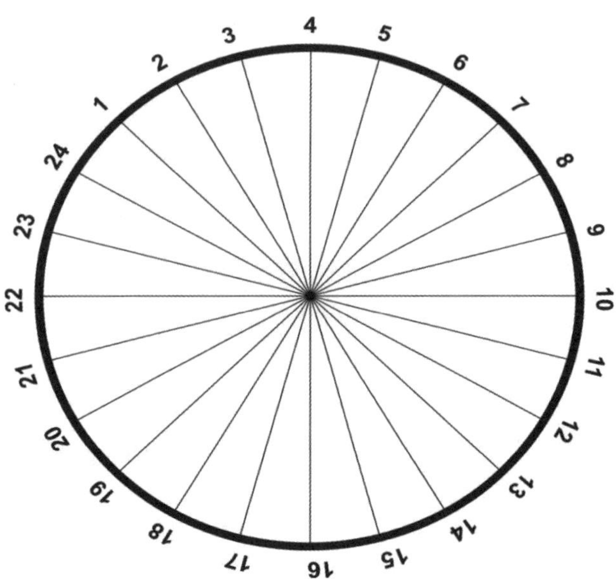

ELEVANDO A AUTOESTIMA

A autoestima é a qualidade que nós damos a nós mesmos. Toda vez que fazemos uma avaliação subjetiva de quem nós somos, a nossa autoestima entra em jogo. Em alguns momentos, ela pode ser extremamente positiva, o que demonstra qualidade de vida, bem-estar emocional e confiança nos seus próprios julgamentos. Por outro lado, uma autoestima negativa pode trazer uma série de males para o indivíduo.

Uma autoestima baixa traz uma série de consequências para a nossa vida. Ela se alimenta de mensagens e de pensamentos negativados sobre nós mesmos. Críticas, erros e a própria opinião errônea dos indivíduos podem diminuir a nossa confiança, aumentando o medo de rejeição e deixando-nos para baixo. Quando a autoestima está em baixa, os sentimentos ruins tomam conta, nos tornamos menos confiantes e o nosso emocional demonstra ansiedade e insegurança com facilidade.

A fim de evitar a autoestima baixa, esta ferramenta propõe 10 etapas que podem ajudar a aumentar a autoestima do *coachee* e, consequentemente, a sua qualidade de vida!

Objetivo: analisar com o *coachee* sua autoestima para que ele possa empreender ações para elevá-la.

Melhor utilização: quando a autoestima baixa do *coachee* estiver impedindo-o de alcançar resultados positivos.

Duração: 90 minutos.

Passo a passo para a aplicação

- Alinhe com o seu *coachee* o conceito e a importância da autoestima para o alcance de resultados positivos.
- Tenha papel em branco à disposição para que o seu *coachee* possa anotar alguma coisa, caso ele deseje.
- Informe que vocês trabalharão com 10 características muito importantes para a autoestima.
- Para alinhar os conceitos, cada item tem uma explicação (coluna à esquerda da tabela abaixo). Pergunte ao *coachee* se esta explicação faz sentido para ele.
- Em seguida, você deverá fazer as perguntas que estão na tabela à direita. (se necessário, acrescente alguma pergunta para ampliar a avaliação da sua autoestima). As explicações na coluna da esquerda são para utilização do *coach*, para introduzir a característica antes de fazer a pergunta.

CARACTERÍSTICA DA AUTOESTIMA (ORIENTAÇÃO DO *COACH*)	PERGUNTAS
1. Qual seu melhor lado? Todos nós temos qualidades. Sabe quando você escolhe o seu melhor lado para sair bem em uma foto? Faça isso com outros aspectos da sua vida. Lembre-se dos seus aprendizados, suas experiências, suas conquistas e aposte sempre no seu melhor ângulo não só para as fotografias, mas também para a sua vida de forma geral!	Qual é o seu melhor ângulo? Se descreva de uma forma totalmente positiva.
2. Aceite ser quem você é Características físicas podem ser alteradas a qualquer momento conforme nossas vontades: mudamos o corte do cabelo e até mesmo as nossas roupas. Mas quem somos por dentro não é tão facilmente alterado. Por isso, aceite quem você é e valorize suas diferenças que a(o) tornam única(o)!	O que torna você única?
3. Deixe de lado as comparações A comparação é um dos principais motivos para a autoestima baixa. Por isso, deixe-as de lado. Ninguém é igual a ninguém e cada um tem as suas próprias qualidades e defeitos. Aceite os seus.	Liste 3 qualidades que são sua marca registrada.
4. Dê valor as suas conquistas Ganhou uma bolsa de estudos? Conseguiu o tão esperado emprego? Ou simplesmente conseguiu ver uma amiga que não via há anos? Dê valor a cada uma dessas conquistas, por menores que elas sejam.	Cite no mínimo 5 conquistas relevantes/importantes para você.

5. Pratique atividades físicas Os exercícios para elevação da autoestima também podem ser realizados de forma prática. Aposte em uma atividade física de sua preferência e o bem-estar proporcionado pela mesma certamente também será responsável por dar um *up* na sua vida!	Você tem feito atividade física com regularidade? Se sim, descreva como se sente. Se não, que atividade física pode incluir imediatamente na sua rotina diária?
6. Aposte nos seus *hobbies* Quer fazer um curso de violão? Escutar música encostado em uma árvore? Ou quer praticar algum esporte exótico? Vá e faça! Os nossos gostos pessoais são únicos e completamente responsáveis pela nossa autoestima, pois nos dão prazer.	Qual o seu *hobbie*? Tem se dedicado a ele? Como se sente em relação a ele? Se não, o que gostaria de fazer?
7. Boas companhias Fique próximo das pessoas boas e que te fazem bem. As companhias negativas? Afaste-se delas! Elas também podem acabar com a sua autoestima!	Como você avalia as suas amizades e companhias? Elas somam ou diminuem sua autoestima? O que pode fazer diferente do que faz hoje para melhorar?
8. Não se importe tanto Você adorou seu cabelo e seus amigos acharam o corte muito exótico. Qual o problema? Não dê tanta atenção assim para a opinião dos outros. Por vezes, considere só aquilo que você gosta e certamente já será o suficiente para se sentir bem!	Como você lida com opiniões negativas? Qual o impacto que elas têm sobre o seu astral?
9. Sem medo dos erros Todos erramos, a todo tempo. Não tenha medo de assumir os seus. Isso de longe não é problema nenhum!	O que significa errar para você? Como você lida com isso? Qual o impacto dos erros sobre sua autoestima?
10. Tenha objetivos Trace metas para o mês, para o ano, para a vida. Aposte nos seus ideais e objetivos e você sempre terá motivos para que a felicidade ande ao seu lado!	Você tem um objetivo específico para sua autoestima? Se sim, me fale sobre ele. Se não, gostaria de ter? Qual?

Pergunte ao *coachee*

- Você já tinha analisado sua autoestima sob este aspecto?
- Que sentimentos esta atividade causou em você?
- Do que vimos nesta atividade, que pontos você considera que são mais importantes para elevar a sua autoestima?
- Durante a atividade você relacionou várias ações ao longo das etapas (ler as ações). Teria mais alguma que você considera importante para elevar sua autoestima?
- Mais alguma?
- Por qual destas ações você gostaria de começar imediatamente?
- Quando você quer começar (dia e hora)?
- Como vai se lembrar deste compromisso?
- Para encerrar o nosso encontro de hoje, o que você leva de aprendizado desta atividade para a prática do seu dia a dia?
- Agradecer e despedir.

Opções de variação da técnica

Esta atividade também pode ser utilizada em *coaching* em grupo. O *coach* apresenta o conceito e faz as perguntas de cada etapa. O *coachee* registra as respostas. O *coach* pede voluntários para compartilhar cada etapa do processo.

Ao final, eles também podem fazer uma análise da atividade em duplas.

ENCONTRANDO AUTOCONFIANÇA

Sabemos que se em algum momento da nossa vida conseguimos realizar algo com excelência, isso é possível acontecer novamente.

Uma experiência bem-sucedida que vivemos no passado, hoje pode ser utilizada a nosso favor, mas, às vezes, pensamos que ela não está mais disponível por não sabermos como acessá-la.

Há várias maneiras de entrarmos em contato com a confiança e com a motivação que no passado nos foi útil e colocá-la onde e quando desejarmos.

Objetivo: buscar recursos internos de confiança para situações em que se deseja fazer algo melhor com mais confiança ou enfrentar situações novas como falar em público, participar de seleção de emprego, falar com estranhos.

Melhor aplicação: quando o *coach* verificar a necessidade de apoiar seu *coachee* para buscar seus recursos internos de autoconfiança.

Duração: 15 a 20 minutos aproximadamente.

Passo a passo para aplicação

1. Diga ao seu *coachee* que encontre uma posição confortável para se assentar com a coluna reta, cabeça erguida os dois pés no chão, mãos sobre as pernas.

Preste atenção na sua respiração (por 2minutos).

2. Peça-lhe para que fique em pé e lembre-se de um momento em que se sentiu muito confiante.

Diga-lhe para que reviva este momento em sua mente vendo o que viu, ouvindo o que ouviu e sentindo o que sentiu.

3. Agora com esta sensação de confiança em seu *coachee*, peça-lhe para que ele imagine um círculo no chão em torno dos seus pés.

Diga-lhe para que coloque uma cor neste círculo relacionado ao sentimento que está revivendo.

Se seu *coachee* se lembrar dos sons nesta memória, coloque-os também. Envolva-os inteiramente com este contexto de excelência e capacidade.

4. Quando o estado de confiança do *coachee* estiver no auge, saia do círculo, mas deixe ali todas essas poderosas sensações que está experimentando.

Leve-o a imaginar que ele está dando um passo para o lado e, ao dar este passo, todas as sensações que ele reviveu continuarão lá!

5. Distraia a mente do *coachee* por alguns segundos, ainda fora do círculo, pensando em algo longe deste ambiente, ou olhe as horas, pronto.

Agora, volte para o círculo. Confirme se a sensação de confiança está presente em nele.

Observação – se isto não ocorreu, repita o processo com o *coachee* desde o início.

Saia novamente do círculo.

Agora, leve-o a pensar em uma situação específica, no seu futuro, em que precisará desta mesma sensação de confiança.

Leve-o a ver e ouvir o que estará ali pouco antes de precisar se sentir confiante. Pode ser qualquer objeto do local, uma porta, cadeira, ou o som de passos, seu nome sendo falado por alguém. Por exemplo, pode ser o seu telefone, se precisa estar confiante numa conversa por telefone.

Assim que estas imagens estiverem claras na mente dele, peça-lhe que entre novamente no novo círculo e torne a sentir aquela sensação. Leve-o a imaginar agora a situação que ele pensou acontecendo no futuro, com os sentimentos de autoconfiança totalmente à sua disposição.

Agora, diga-lhe que saia novamente do círculo, deixando ali as sensações de autoconfiança.

Do lado de fora, peça-lhe que ele aguarde um pouco e pense de novo no que está para acontecer, na situação em que ele pensou....

Automaticamente, ele voltará a sentir as sensações do círculo.

Isto significa que seu *coachee* estará programado para o acontecimento futuro, podendo sentir-se melhor em relação a ele antes mesmo que aconteça. Quando chegar a hora, ele vai se ver reagindo totalmente seguro e com a autoconfiança muito maior.

Opções de variação da técnica

Poderá ser em grupo.

Poderá escolher outra sensação como tranquilidade, agilidade, alegria, e substitui por confiança.

ENCONTRANDO SOLUÇÕES

Muitas vezes, nos deparamos com algumas situações que nos impedem de realizar o que desejamos.

Já parou para pensar que essas situações podem estar relacionadas com os seus comportamentos? Pensando nisso, todos nós temos algum problema, pequeno ou grande, que gostaríamos de solucionar.

O comportamento não é apenas determinado pelo que as pessoas gostariam de fazer, mas também pelo que elas pensam que devem fazer e pelas consequências esperadas de seu comportamento.

Tudo que fazemos tem um sentido, uma razão de ser, seja ela boa ou não, e sempre esperamos uma resposta proporcional aos esforços que empregamos.

Com essa ferramenta, você poderá auxiliar o seu *coachee* a identificar os comportamentos indesejáveis que o estão impedindo de chegar ao seu objetivo.

Objetivo: identificar o que impede o *coachee* de atingir seu objetivo.

Melhor utilização: quando o *coachee* estiver com foco no problema e não na solução.

Duração: 90 minutos.

Material necessário

- Um círculo feito com barbante, giz, ou outro material que delimite o espaço do círculo.
- Folha para registro e observações.

Passo a passo para a aplicação

Inicie conversando com o seu *coachee* que para toda situação existe pelo menos uma solução. Para isso, é importante estar aberto ao novo e pensar em soluções e não no problema.

1º passo

Pergunte ao *coachee*

- Qual é o seu objetivo?
- O que o impede de atingir seu objetivo?

Faça o círculo no centro da sala. Solicite ao *coachee* que fique próximo ao círculo do lado de fora. Peça-lhe que descreva a situação e vivencie todos os sentimentos.

2º passo

Continue com o seu *coachee* posicionado próximo ao círculo.

Peça a ele que crie em sua mente uma imagem ou situação desejável para resolver. Esta imagem deverá ser construída de forma clara, onde ele consiga ver, ouvir e sentir intensamente a situação desejada.

Pergunte ao *coachee*:

- Onde você está?
- Tem mais alguém com você nesse lugar?
- Esse lugar tem cor?
- Esse lugar é escuro ou claro?
- Nesse lugar tem cheiro? O cheiro é agradável?
- Esse lugar tem som?
- O som está alto ou baixo?

3º passo

Peça ao seu *coachee* que pense na situação-problema e se posicione dentro do círculo. Diga-lhe que sinalize, levantando a mão quando sentir um incômodo, que pode ser sentimentos ou outras sensações que surgirem.

Peça a ele que saia do espaço do círculo e que fale deste incômodo.

Pergunte ao *coachee*:

- O que você sentiu?
- Fale do seu incômodo.

4º passo

Imagine-se como seu próprio conselheiro para analisar esta situação. Agora, você é o conselheiro e não o "Fulano". Neste contexto, observe os comportamentos em que "Fulano" se sentiu incomodado.

Pergunte ao seu *coachee*:

- Estes comportamentos contribuem para o resultado que o "Fulano" deseja?
- O que o "Fulano" poderá mudar que possibilitará os resultados desejados?
- O que "Fulano" precisará estar disposto a fazer imediatamente para atingir seu objetivo?

Registre as respostas.

5º passo

Peça ao *coachee* que reflita sobre todas as alternativas dadas pelo conselheiro no passo anterior e entre no círculo. Perguntas:

- As soluções dadas pelo conselheiro faz sentido para você?
- Você já tinha pensado na sua situação dessa maneira?
- Tem mais alguma coisa que você queira falar?
- Entre as ações listadas, selecione 1 para começar imediatamente.

6º Passo

Finalização da sessão de *coaching*:

- Quando vai começar? (Data e hora).

- Como você vai fazer para se lembrar?
- Como eu (*coach*) vou saber que você fez isso?
- O que você leva dessa sessão de hoje para sua vida?
- Se pudesse resumir a sessão em uma palavra, como você sai daqui hoje?
- Porque valeu a pena estar aqui hoje?

ESCLARECENDO OS VALORES

Determinar seus valores ajuda a pessoa entender melhor como melhorar suas qualidades e utilizar suas forças de maneira correta para alcançar seus objetivos e seguir em sua missão.

Neste processo de autoconhecimento, é importante verificar alguns pontos para que a pessoa possa descobrir quais realmente são seus valores, e como está convivendo com eles.

Objetivo: dar para o *coachee* a oportunidade de identificar os valores essenciais para ele.

Melhor utilização: quando o desconhecimento dos valores pessoais estiverem prejudicando o alcance dos objetivos estabelecidos.

Duração: 90 minutos.

Material Necessário

- Papel A4 em branco.
- Lápis e caneta.
- Frases impressas em cartões individuais.

Passo a passo para a aplicação

O *coach* apresenta o conceito de valores e a sua importância.

Conceito: o valor pessoal não é medido por nada que esteja fora da pessoa. Ele nasce a partir de tudo o que ela construiu e fortaleceu interiormente. Talentos, potenciais, dons, habilidades e, também, desafios, fazem com que as pessoas sejam os seres únicos na existência.

Entregue para o *coachee* as frases impressas (pode acrescentar outras frases que achar importante) e peça-lhe que escolha as 10 mais importantes para ele.

Em seguida, peça-lhe que afunile para três e depois para 1 mais importante.

Diga para o *coachee* explicar as razões do porque desta frase ser a mais importante para ele.

Peça para ele descrever situações que ilustrem, na prática, o conceito implícito nas frases escolhidas.

Mostre para ele qual valor está implícito nas frases que ele escolheu.

Motivações associadas a cada um dos valores, para uso do *coach*, que só será mostrada para o *coachee* após a escolha das frases.	**Frases para confecção dos cartões (uma frase em cada cartão. Pode ser uma cor por motivação).**
AUTONOMIA Valorização de desafios e busca de aperfeiçoamento constante, a curiosidade, a variedade de experiências e a definição de objetivos.	Quero ser meu próprio chefe. Busco sempre aprender coisas novas. Experimento trabalhos diversificados.
BEM-ESTAR Valorização da satisfação pessoal, qualidade de vida.	Pratico uma atividade física diariamente. Busco fazer atividades ao ar livre, sempre que possível. Meu foco é manter uma alimentação saudável.
CONFORMIDADE Valorização do respeito às regras e modelos comportamentais do ambiente e no relacionamento com os outros.	Cumpro a risca as normas e as leis. Faço sempre o que é moralmente correto. Cumpro rigorosamente todos os compromissos acertados.
DOMÍNIO Valorização do poder, tendo como meta a obtenção de *status*, o controle sobre pessoas, os recursos e o mercado.	Gosto de ter o poder de indicar aos outros o que fazer. Sinto-me confortável em liderar pessoas. Valorizo o poder de dar a última palavra sobre um determinado assunto ou situação.

PREOCUPAÇÃO COM A COLETIVIDADE Valorização dos relacionamentos que estão próximos na comunidade.	Gosto de ser generoso com as demais pessoas. Mantenho-me ativo socialmente com um grande número de pessoas. Tenho facilidade para chegar a novos grupos e me integrar.
PRESTÍGIO Valorização do prestígio na sociedade.	Gosto de ser reconhecido publicamente. Sinto necessidade de ocupar uma posição de destaque na minha comunidade. Preciso receber *feedback* da minha importância para a minha comunidade.
REALIZAÇÃO Valorização da competência para o alcance dos resultados e do sucesso.	Preciso realizar atividades que me permitam usar todas as minhas competências. Prefiro de estar em trabalhos que me desafiem. Busco experiências profissionais que me permitam usar as competências que possuo.
TRADIÇÃO Valorização dos costumes e das práticas consagradas.	Gosto de rituais e cerimônias convencionais. Detesto errar, por isso busco repetir práticas consagradas. Busco manter uma mesma rotina na minha vida pessoal, profissional e social.

Pergunte ao *coachee*

- Você já tinha analisado seus valores a este aspecto?
- Que sentimentos esta atividade causou em você?
- Do que vimos nesta atividade, que pontos você considera que são mais importantes para alinhar seus valores com suas atitudes e comportamentos?
- Conhecendo como você conhece agora seus valores e a importância deles para o alcance dos resultados positivos, o que pode fazer para alinhar seus valores e comportamentos para alcançar seus objetivos?
- Mais alguma?
- Por qual destas ações você gostaria de começar imediatamente?
- Quando você quer começar (dia e hora)?
- Como vai se lembrar deste compromisso?

- Para encerrar o nosso encontro de hoje, o que você leva de aprendizado desta atividade para a prática do seu dia a dia?
- Agradecer e despedir.

Opções de variação para aplicação

Se a aplicação for feita em grupo, entregue uma folha com todas as frases impressas (misture antes de imprimir) e peça-lhes que façam as escolhas marcando na folha, com lápis de cores diferentes.

Sugira que os participantes conversem em dupla sobre a sua escolha.

Peça a eles que comentem as conclusões em plenária.

CINCO SENTIDOS – HARMONIZANDO PARA INICIAR UMA SESSÃO

O Processo de *Coaching* é um veículo pelo qual uma pessoa ou um grupo podem passar de seu estado atual para um estado desejado, seguindo um caminho mais eficiente e eficaz.

O sucesso em qualquer área de ação envolve o uso da mente, bem como do emocional. Preparar-se mentalmente e emocionalmente para um bom desempenho é a essência do equilíbrio.

Quando estes dois, mental e emocional, estão alinhados, as ações fluem com uma espécie de excelência, sem esforço.

Uma das maneiras para se alcançar o estado de harmonia é trazer a consciência aos nossos cinco sentidos, pois é por meio deles que percebemos o mundo.

Objetivo: promover uma harmonização da pessoa, visando trazê-la por inteiro para a sessão de *coaching*.

Melhor utilização: na preparação do *coach* para receber o *coachee*; para o *coachee* no início da sessão; ou ainda numa situação pontual.

Duração: Aproximadamente 10 minutos.

Passo a passo para aplicação

- Encontre uma posição confortável assentado com coluna reta, cabeça erguida, os dois pés no chão, mãos sobre as pernas. Vamos prestar atenção nos cinco sentidos, um após o outro.

  – Visão: de olhos fechados, observe atentamente o quarto em que você está: observe as paredes, o teto, o chão, as formas e as cores. Pense nos objetos que sempre têm estado neste ambiente, mas que normalmente você só os observa de forma inconsciente.

- Audição: de olhos fechados, preste atenção nos sons, ouça todos os sons familiares que sempre estão presentes, mas que normalmente só os ouvimos de forma inconsciente. O barulho de madeira, da geladeira, de vozes, de carros passando na rua... Perceba a paz que sente quando começa a ter consciência das pequenas coisas do dia a dia.
- Tato: sinta conscientemente, de olhos fechados, o local onde está. Tome consciência da temperatura do ambiente. Sinta os tecidos das suas roupas no seu corpo. Sinta o ar do ambiente nas partes sem roupas do seu corpo. Sinta, agora, como a respiração vai se voltando mais profunda e regular. Sinta que começa a entrar em um processo de paz interior e de alerta interno, com o que consegue entrar em contato com seu eu interior.
- Olfato: de olhos fechados, tome consciência do cheiro. O local em que se encontra tem algum cheiro específico? E o seu próprio cheiro, seu perfume, sabonete, creme de barba, desodorante...?
- Paladar: de olhos fechados, tome consciência do gosto que está sentindo na sua boca.

Tome, mais uma vez, consciência da sensação de paz e relaxamento. Observe como a respiração está se tornando mais profunda e regular. Aproveite este estado para.......

Agora volte sua atenção para este ambiente movimentando lentamente os pés, as mãos, e assim que desejar abra os olhos.

Opções de variação da técnica

- Pode ser realizada em grupo.
- Pode ser realizada deitada com os braços estendidos ao longo do corpo e olhos fechados.
- Pode ser utilizada como uma preparação para o sono em caso de dificuldades para dormir.

MAPEANDO PODERES

"O homem é o que ele acredita."
Anton Thecóv

Identificar os nossos potenciais, pois o que nos destaca é uma estratégia de sucesso.

Ao identificar o que e em que somos melhores, quais comportamentos temos para realizar as tarefas com excelência, fica mais fácil atingir os objetivos que desejamos.

Ao utilizar esta ferramenta, o *coachee* terá a oportunidade de descobrir seus potencias, identificar seus pontos de melhoria, e assim, traçar um plano de ação para mudanças.

A estratégia desta ferramenta é utilizar o que o seu *coachee* possui de diferencial, mapear os comportamentos de sucesso para assim alcançar o que ele deseja.

Nesta ferramenta trabalharemos duas áreas:

✓ **Interna:** pontos fortes e pontos de melhoria: refere-se à pessoa, aos seus comportamentos, à sua personalidade e ao seu modo de agir.

✓ **Externa:** oportunidades e dificuldades.

Objetivo: proporcionar ao *coachee* que identifique suas forças internas e as utilize como recursos para atingir objetivos e metas.

Melhor utilização: para o autoconhecimento e para traçar planos de ação afim de atingir metas e objetivos desejados.

Duração: 60 minutos aproximadamente.

Material necessário

Folha em branco para registrar respostas.

Passo a passo para a aplicação

Converse com o seu *coachee* sobre a importância da sua vida, quais as percepções que ele tem de si mesmo. Investigue o quanto ele se conhece. Verifique se ele acredita que é importante saber os pontos fortes que ele possui.

Faça a ele as seguintes perguntas:

- O que te trouxe até aqui?
- Qual o seu objetivo?
- Qual a história que você conta de si mesmo para as outras pessoas?
- Nesta história, você se sente importante? Fale a respeito.
- Quando as pessoas o(a) conhecem pela primeira vez, o que mais destacam em você?

Reserve as respostas.

Pergunte a ele novamente:

- Do que você precisa abrir mão para atingir o que deseja?
- De 1 a 10, o quanto você está disposto a isso?

Reserve as respostas.

Explique ao seu *coachee* que o autoconhecimento amplia as opções para tomar decisões e fazer escolhas.

Pergunte a ele:

Parte 1: Potencializador

- De 1 a 10, o quanto você se conhece?
- O que faz de melhor para atingir o seu objetivo?
- Relate uma experiência em que você foi muito bem-sucedido(a).
- Você acredita que o que você faz melhor (repetir o que o *coachee* falou) contribui para que você atinja o sucesso?

Parte 2: Dificultador

- Qual comportamento você gostaria de mudar para atingir seu objetivo?
- Como você gostaria de agir para alterar este comportamento?
- O que você pode fazer agora para iniciar esta transformação?

Parte 3: Oportunidades e Ameaças

- O que tem no ambiente (recursos) que você pode ver como oportunidade para atingir seu objetivo?
- E o que pode dificultar?
- O que você pode fazer agora para atingir o que deseja?

Registre todas as respostas do *coachee.*

Faça uma análise com o *coachee* de tudo que vocês conversaram, resgatando as três primeiras perguntas.

Na sequência, questione-o:

- O que mais marcou você durante a nossa conversa?
- Você já sabia que o seu potencializador é... (Cite o que ele tem de destaque).
- Agora que você já sabe qual o seu ponto forte, o que você pode fazer para atingir os resultados que deseja?
- O que precisa acontecer para que você perceba que atingiu o que desejava?
- Como você pode fazer isso?
- Tem algo que precisa fazer diferente do que tem feito hoje?
- Qual ação você pode fazer imediatamente?

Recapitulação, comprometimento e encerramento da sessão: Faça as seguintes perguntas.

- Então você está me dizendo que para ...... você .... (Citar a ação pretendida).
- Quando você se sente pronto(a) para iniciar esta ação? (Especificar o dia, a hora e o prazo para conclusão da tarefa).

- Como você pode garantir que esta tarefa será realizada? (Solicitar que o *coachee* defina uma forma de lembrete para que a tarefa seja cumprida).
- Agora que você já definiu o que precisa fazer, de 1 a 10, o quanto você está disposto(a) a realizar essa tarefa?
- Nesse processo, é muito importante que eu acompanhe seus resultados. Como eu (*coach*) vou ficar sabendo que você fez isso? (Definir forma de contato: *e-mail*, SMS, *WhatsApp*, telefone, dia e hora que ele(a) repassará a informação).
- Para aprendizado, o *coach* poderá utilizar uma das perguntas abaixo, ou mais de uma se preferir:
  - Que aprendizados ou *insights* você teve na sessão de hoje?
  - O que você leva dessa sessão de hoje para sua vida?
  - Se pudesse resumir a sessão em uma palavram, como você sai daqui hoje?
  - Porque valeu a pena estar aqui hoje?

Feito isso, faça a desconexão com o seu *coachee*, agradeça pela confiança dispensada e encerre a sessão.

O PODER DA AÇÃO

"A grande finalidade da vida não é o conhecimento, mas a ação."
Thomas Henry Huxley

Muitas vezes, o *coachee* estabelece um objetivo, mas não está conseguindo atingi-lo. Assim, faz-se necessário rever as ações empreendidas por ele e avaliar se realmente contribuem para que ele alcance os resultados desejados.

É importante salientar que o mundo, as pessoas, os processos mudam constantemente. Então, nossas ideias e ideais podem sim mudar e não estarem compatíveis com o que foi estabelecido, com as pessoas e as situações ao nosso redor.

Dependendo o perfil do *coachee*, é preciso resgatar o seu objetivo para verificar se ele ainda faz sentido ou se existe alguma variação.

Com esta ferramenta, o *coachee* terá uma visão detalhada das ações que tem realizado e poderá dimensionar o que deu certo e o que precisa ser reformulado.

Durante o processo de *coaching*, vê-se a importância de juntos, *coach* e *coachee*, avaliarem o planejamento traçado, as metas atingidas e o objetivo a ser alcançado.

A partir dessa avaliação, é possível verificar se as metas e ações estão de acordo e contribuem para que o *coachee* alcance o resultado desejado.

Objetivo: proporcionar ao *coachee* avaliar se suas ações contribuem para o alcance do objetivo estabelecido.

Melhor utilização: quando o *coach* perceber que o *coachee* está se distanciando do objetivo estabelecido e suas ações estão sendo incompatíveis.

Duração: 90 minutos.

Material necessário

- Reprodução do formulário: Checando o processo, no Anexo 1.
- Folha para registro.

Passo a passo para a aplicação

Converse com seu *coachee* sobre a importância de, durante o processo de *coaching*, fazer uma avaliação do objetivo traçado, do planejamento e da execução das metas, do nível de satisfação em relação ao todo e ao processo e que se for necessário poderá ser readequado.

1. Antes de iniciar a sessão, faça um levantamento de todas as informações das sessões de *coaching* realizadas até o momento. Relacione as tarefas e metas estabelecidas com o objetivo traçado. Tenha esses resultados em mãos para conversar com o *coachee*.
2. Apresente a figura abaixo para o seu *coachee*. Explique que com essa ferramenta ele terá uma visão detalhado do que fez até agora para alcançar o seu objetivo. A ferramenta possui quatro etapas que são:
   - Objetivo, Metas, Verificação das Metas e Ações corretivas. Explique cada uma das etapas de acordo com as perguntas em cada área.

CHECANDO O PROCESSO

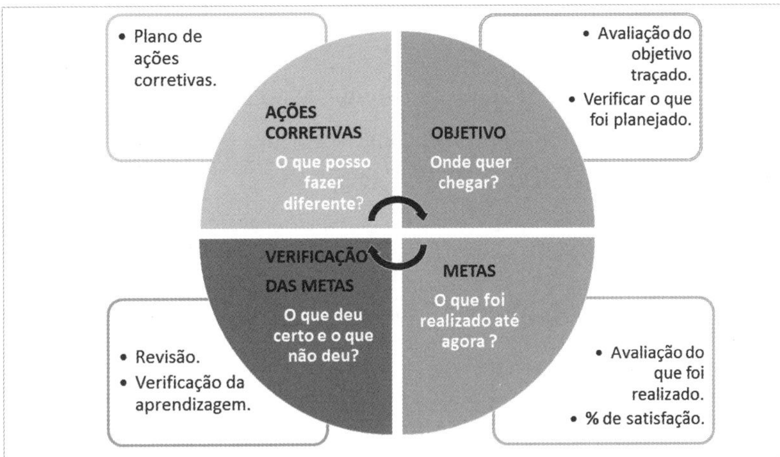

3. Informe ao *coachee* que vocês começarão o processo pelo tópico **Objetivo** e juntos avaliarão o que foi estabelecido. Faça as seguintes perguntas e registre tudo no formulário Anexo 1 – Checando o Processo.

- **OBJETIVO**
  - O objetivo estabelecido ainda faz sentido para você?
  - O prazo estabelecido para atingir esse objetivo é o mesmo?
  - Como você analisa a eficácia do seu planejamento?
  - Tem alguma coisa que você gostaria de mudar?

4. No tópico **Metas**, avalie com o *coachee* o que foi realizado, análise e verifique o nível de satisfação do processo até o momento. Faça as seguintes perguntas. Registre tudo.

- **METAS**
  - De 1 a 10, como você avalia o seu desempenho na realização das tarefas até o momento? Fale a respeito.
  - Como você se sente em relação a isso? Explique.
  - Qual foi o seu maior desafio? Justifique.
  - Qual foi o seu maior desconforto? Fale mais a respeito.

- Qual o seu nível de satisfação (%) com as suas atitudes e comportamentos para o alcance do seu objetivo? Justifique.

5. No tópico **Verificação de Metas**, avalie o que foi sucesso e o que precisa ser melhorado. Faça as seguintes perguntas. Registre tudo.

- **VERIFICAÇÃO DE METAS**
  - Qual foi o fator decisivo para que você alcançasse sua meta? Fale a respeito.
  - Houve alguma meta não realizada? Qual(is)? Fale mais sobre isso.
  - O que te impediu de realizá-la(s)?
  - Quais ganhos você obteve ao atingir suas metas?
  - Até momento, o que você aprendeu?

6. No tópico **Ações Corretivas**, após avaliação dos três primeiros tópicos, trace um plano de ações corretivas. Faça as seguintes perguntas. Registre tudo.

- **AÇÕES CORRETIVAS**
  - Quando atingir o objetivo, o que, exatamente, lhe fará dizer consegui?
  - O que você pode fazer diferente do que fez até agora para atingir o seu objetivo? Liste três ações.
  - Tem alguma coisa de que você pode abrir mão para alcançar o objetivo? E o que mais?
  - Qual destas ações que se você investir lhe trará um resultado positivo e imediato?

7. Recapitulação, comprometimento e encerramento da sessão: Faça as seguintes perguntas.
   - Então você está me dizendo que para ...... você .... (Citar a ação pretendida).
   - Quando você se sente pronto(a) para iniciar esta ação? (Especificar o dia, a hora e o prazo para conclusão da tarefa).
   - Como você pode garantir que esta tarefa será realizada?

(Solicitar que o *coachee* defina uma forma de lembrete para que a tarefa seja cumprida).

- Agora que você já definiu o que precisa fazer, de 1 a 10, o quanto você está disposto(a) a realizar essa tarefa?
- É muito importante nesse processo que eu acompanhe seus resultados. Como eu (*coach*) vou ficar sabendo que você fez isso? (Definir forma de contato: *e-mail*, SMS, *WhatsApp*, telefone, dia e hora que ele(a) repassará a informação).

8. Para o aprendizado, o *coach* poderá utilizar uma das perguntas abaixo, ou mais de uma se preferir:
   - Que aprendizados ou *insights* você teve na sessão de hoje?
   - O que você leva dessa sessão de hoje para sua vida?
   - Se pudesse resumir a sessão em uma palavra, como você sai daqui hoje?
   - Porque valeu a pena estar aqui hoje?

9. Feito isso, agradeça pela confiança dispensada e encerre a sessão.

Anexo 1 - Checando o Processo

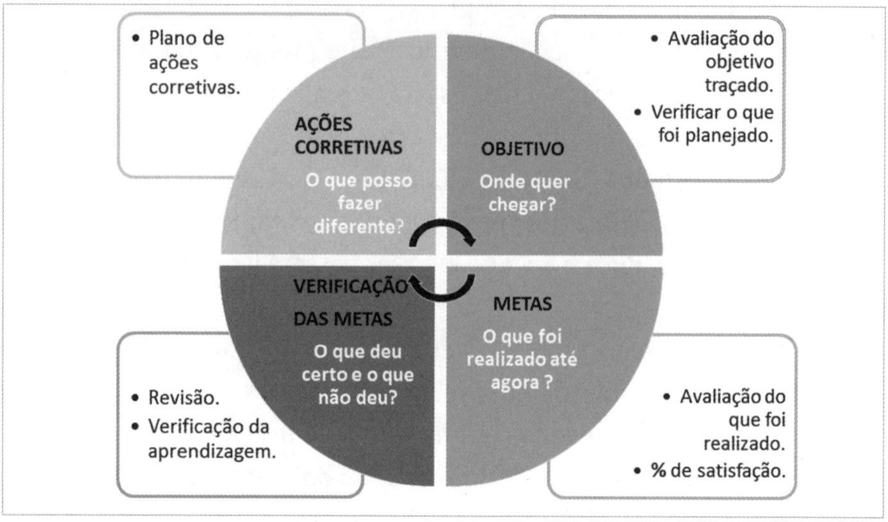

OS 5 "CS" PARA POTENCIALIZAR SEU OTIMISMO

"Não há nada bom ou mau, mas o pensamento o faz assim."
William Shakespeare

O otimismo é a capacidade de ver o mundo de outra forma. Ser otimista é enxergar as situações pelo seu lado positivo e crer que existe uma solução satisfatória para os problemas mesmo diante de situações complicadas.

Pessoas otimistas se baseiam nos melhores resultados e acreditam que podem resolver as adversidades da vida de maneira positiva e eficiente. A flexibilidade é uma competência importante para os otimistas.

O otimismo direciona as pessoas a construir seu futuro. O otimismo é um comportamento estimulante, pois quanto mais estímulos positivos você cria para sua vida, maior será sua capacidade de realizar-se como pessoa e profissionalmente.

Muitos estudiosos explicam que o universo nos dá aquilo que emanamos para ele, então cultivar o otimismo aumentará suas chances de crescimento do seu nível de bem-estar e felicidade.

Ser otimista nada mais é do que encarar os fatos da vida de maneira simples, objetiva e sempre com foco na solução de qualquer situação ou problema.

Estímulos positivos são em nós reflexos do ambiente e estes podem servir de boas práticas para o desenvolvimento do otimismo.

Para criar o hábito de ser otimistas, preste atenção ao que acontece de positivo ao seu redor. Por exemplo: uma bela paisagem, o sorriso de um desconhecido, uma boa música, sua casa confortável, uma boa comida e assim por diante.

Pare e observe o todo, o que acontece de bom e o que contribui para o seu bem-estar. O exercício proposto é exatamente para que você afaste ideias negativas e substituas por positivas.

Objetivo: identificar crenças e pensamentos que comprometem o *coachee* a alcançar seus objetivos.

Melhor utilização: quando o *coachee* demonstrar-se inseguro e não conseguir ver algo de positivo em sua jornada.

Duração: 90 minutos aproximadamente.

Material necessário

- Folha em branco para registrar respostas.

Passo a passo para a aplicação

Converse com o seu *coachee* sobre a importância de ser otimista, sobre quais comportamentos uma pessoa otimista possui e quais competências são importantes, como flexibilidade, adaptabilidade, etc.

Diga ao seu *coachee* que as pessoas otimistas têm uma visão de mundo diferente e interpretam adversidades como oportunidades. Alinhe o conceito de otimismo.

Explore essa questão para entender o cenário do *coachee*, sua satisfação em relação ao seu otimismo.

1. Pergunte ao *coachee*:
    - De 1 a 10, o quanto você se considera otimista?
    - Você tem algum comportamento que considera otimista? Cite.

- Você conhece alguém muito otimista? Como esta pessoa age?

Reserve as respostas.

2. Peça ao seu *coachee* que relate pelo menos 3 adversidades ocorridas com ele no último mês, situação em que se viu em apuros, se sentiu inseguro e que gostaria de ressignificar.

3. Ao relatar três situações, peça-lhe que escolha uma que ele acredita que se investir e mudar terá resultados positivos.

4. Peça a ele que registre a situação em uma folha de papel e faça as seguintes perguntas para análise dos 5 "C":
   - Contrariedade (situação adversa).
   - Consciência (o que está por trás do comportamento).
   - Consequência (quais comportamentos).
   - Contestação (será que isso é verdade?).
   - Capacidade de se reinventar (como alterar isso).

5. Passo a passo
   a) **Contrariedade:** causa ou situação ocorrida. Solicite que ele identifique a contrariedade: a situação adversa. Registre na folha em branco.

   Ex.: meu marido demorou a chegar do trabalho.

   Pergunte ao *coachee*:
   - Qual o impacto disso na sua vida?
   - O que isso representa para você?

   Registre as respostas.

   b) **Consciência:** tomar consciência do impacto desta situação na vida do *coachee*. Pergunte a ele:
   - O que te incomoda quando o seu marido chega tarde do trabalho? Faça perguntas para que seu *coachee* tenha consciência do que está por trás deste comportamento.

- A que você atribui o atraso do retorno para casa do seu marido?

Ex. resposta do *coachee*: ele demorou, pois não quer mais passar muito tempo comigo e prefere outras companhias.

c) **Consequências:** investigue quais comportamentos o *coachee* tem em decorrência deste fato. Pergunte ao seu *coachee*:

- O que você faz quando isso acontece?
- O que mais?

Ex. resposta do *coachee*: eu fico triste e geralmente me fecho, vou dormir mais cedo e evito contato com ele.

d) **Contestação:** analise a veracidade da situação e das crenças identificadas. Pergunte ao *coachee*:

- Já parou para pensar que ele pode estar sobrecarregado de trabalho?
- Chegar a casa com atraso após o expediente de trabalho realmente significa que ele não gosta de você?

e) **Capacidade de se reinventar:** ao contestar a crença junto com o seu *coachee*, faça uma reflexão e trace um plano de mudança. Pergunte a ele:

- Como você pode alterar esta situação?
- O que você irá ganhar ao mudar este comportamento?
- Como você gostaria de agir diante de uma situação como esta? Cite três exemplos de ação.

f) Faça uma recapitulação com o *coachee* de tudo o que ele disse, ou seja, da forma como age hoje e como gostaria de agir.

g) Volte no registro de respostas da letra "E", pergunta nº 3: Leia as respostas dadas pelo *coachee*. Pergunte a ele:

- Qual ação você gostaria de praticar imediatamente para atingir seu objetivo?

- O que precisa acontecer para que você saiba que atingiu seu objetivo?

6. Recapitulação, comprometimento e encerramento da sessão: faça as seguintes perguntas.
   - Então, você está me dizendo que para ...... você .... (Citar a ação pretendida).
   - Quando você se sente pronto(a) para iniciar esta ação? (Especificar o dia, a hora e o prazo para conclusão da tarefa).
   - Como você pode garantir que esta tarefa será realizada? (Solicitar que o *coachee* defina uma forma de lembrete para que a tarefa seja cumprida).
   - Agora que você já definiu o que precisa fazer, de 1 a 10, o quanto você está disposto(a) a realizar essa tarefa?
   - Neste processo, é muito importante que eu acompanhe seus resultados. Como eu (Coach) vou ficar sabendo que você fez isso? (Definir forma de contato: *e-mail*, SMS, *WhatsApp*, telefone, dia e hora que ele(a) repassará a informação).
   - Para o aprendizado, o *coach* poderá utilizar uma das perguntas abaixo, ou mais de uma se preferir:
     - Que aprendizados ou *insights* você teve na sessão de hoje?
     - O que você leva dessa sessão de hoje para sua vida?
     - Se pudesse resumir a sessão em uma palavra, como você sai daqui hoje?
     - Porque valeu a pena estar aqui hoje?

Feito isso, faça a desconexão com o seu *coachee*, agradeça pela confiança dispensada e encerre a sessão.

PENSAR NO FUTURO E AGIR NO PRESENTE

> "Só existem dois dias no ano que nada pode ser feito. Um se chama ontem e o outro se chama amanhã, portanto hoje é o dia certo para amar, acreditar, fazer e principalmente viver."
>
> **Dalai Lama**

Viver o momento presente é uma das bases fundamentais para conviver equilibradamente, pois é onde estão todos os nossos desejos, potenciais sonhos e verdades. É no aqui e agora que brilha a luz da existência, onde a vida é em si mesma, sendo a única maneira autêntica de existir.

O passado é o significado presente que damos às nossas recordações, por isso viver do passado é uma ilusão. Não vivemos no passado, simplesmente damos significado às nossas recordações, aqui e agora.

E o futuro? O que sabemos a respeito do futuro? Não sabemos nada a seu respeito, pois como o passado também não existe. Constantemente as pessoas se preparam para o futuro e deixam de viver a realidade presente. Elas perdem o contato com a experiência do agora, não percebem as oportunidades atuais. Fixam-se em estratégias e restringem os sentimentos, deixando de viver.

Desta forma, deixam de viver porque a vida está no presente, no aqui, no agora, e não em outro tempo ou lugar. O significado presente que damos às nossas expectativas é o futuro. É uma ilusão acreditar na existência do futuro, pois o futuro é uma expectativa presente.

Quando se cria um modelo de perfeição futura surge a ansiedade, cria-se uma expectativa, uma preocupação constante. Dessa forma, a pessoa não consegue mais curtir o momento presente e torna-se demasiadamente atenta ao controle dos ganhos concretos.

A grande tendência em acreditar no futuro deixa o ser humano dividido. É o caso da pessoa que está em uma situação, pensando em outra e isto se aplica em todas as áreas das nossas vidas. Isto nos deixa divididos e não conseguimos pular de cabeça na essência das coisas. Isto cria uma interferência, traz à tona no presente uma lembrança ou uma expectativa.

Por estar sempre esperando o depois, a pessoa se esquece do agora. Ao fantasiar uma felicidade futura, a pessoa deixa de investir no presente. Desta forma, cria-se uma bola de neve - esperando um futuro melhor, a pessoa se esquece do presente e quando o futuro chega, ele não é mais futuro e sim o presente, então a pessoa continua a esperar. Ela esperará eternamente, até que descubra que o futuro nunca chegará, pois ele não existe. E não podemos ser felizes com coisas que não existem. Somente o presente é o que existe e é onde devemos construir nossas ações.

Objetivo: refletir sobre a necessidade de viver intensamente o momento, mas com uma visão do futuro. Planejamento de vida e de carreira.

Melhor utilização: sempre que o *coach* perceber que o *coachee* está vivendo no futuro, com dificuldade de agir no presente.

Material necessário

- Folhas de papel (A4).
- Várias imagens que simbolizam fatos nas vidas das pessoas (viagens, casa, formatura, casamento, nascimento dos filhos, trabalho, amigos, família, escolas, formatura, aniversário, etc.).
- Cola (de preferência em bastão).
- Tesoura.

- Vários tipos de papel (crepom, fantasia, presente ou outros coloridos).
- Vários tipos de canetas (hidrocor, pincel atômico, esferográfica colorida).
- 2 Folhas de cartolina (preferencialmente branca).

Duração: 60 minutos aproximadamente.

Passo a passo para a aplicação

- Entregue 1 folha (A4) em branco e peça ao *coachee* que liste (em tópicos) os fatos marcantes de cada década da sua vida até o dia de hoje.
- Entregue outra folha (A4) ao *coachee* e peça-lhe que escreva quais as perspectivas/planejamento para as próximas décadas (pode ser 2 décadas). Relatar os fatos que ele acredita que serão marcantes.
- Peça ao *coachee* que coloque as duas listas em ordem cronológica.
- Entregue 2 folhas de *fip-chart*/cartolina com uma linha traçada no centro e peça-lhe que encontre uma maneira de simbolizar os fatos de cada década da vida.
- Terminado, coloque as folhas de *flip chart*/cartolina no chão e peça ao *coachee* que fique no ponto que representa o presente.

Tendo como referência a sua linha do tempo, tente analisar minuciosamente:

– **Pontos Fortes** – aqueles que favorecem as suas realizações e o seu crescimento até agora (pense em postura, conhecimento, habilidade, valores e outros) e que constituem marcas de seu talento e que bem utilizados produzem efeitos significativos na sua vida.

– **Pontos a serem desenvolvidos** – aqueles que inibem o seu crescimento, as suas realizações e que se não forem objeto de sua atenção, podem determinar desvios significativos no seu projeto de vida.

Tendo refletido sobre sua posição atual, seus interesses, seus talentos, agora o *coachee* terá condições de estabelecer seus objetivos.

Oriente-o a olhar para o futuro e observar os fatos que ele considera que serão marcantes no futuro.

- Para que eles se tornem realidade, que objetivos devem ser estabelecidos?

Diga-lhe para criar uma lista de ações que precisa realizar.

- Mais alguma coisa?
- Dentre estas ações listadas, peça-lhe que escolha 3 que ele considera prioritárias.
- Entre estas 3 ações, ele deve escolher 1 para começar imediatamente.

Pergunte:

- Quando é que você gostaria de começar a trabalhar nisto?
- Como é que você vai se lembrar deste seu compromisso?
- Tem algum horário, mais específico, para começar?
- Como posso ficar sabendo?
- Qual a sua aprendizagem com esta atividade de hoje?

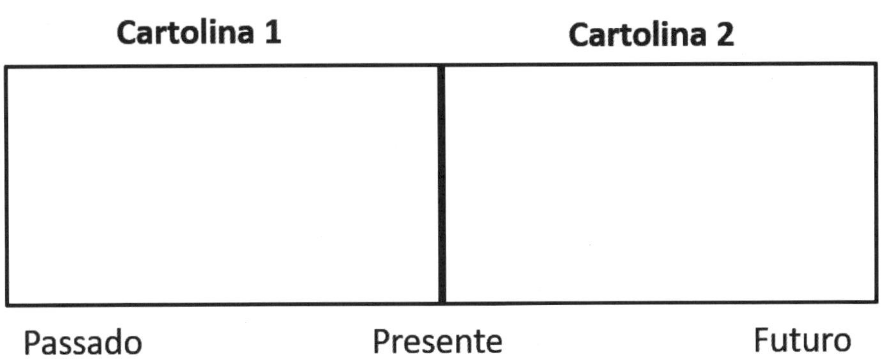

PERGUNTAS QUE FORTALECEM

"Nenhum homem é umanilha, um ser inteiro em si mesmo; todo homem é uma partícula do continente, uma parte da terra".

John Donne

Entendemos o processo de *coaching* como uma parte de nossas vidas e que ao favorecer o nosso desenvolvimento também contribuirá com o bem-estar das pessoas que fazem parte das nossas vidas.

Lembrando que o *coaching* é um processo feito de pequenas ações todos os dias para, ao final, ter o objetivo completo. Portando, os pequenos gestos são muito importantes para o alcance do sucesso desejado.

Objetivo: verificar o quanto estamos caminhando na direção do objetivo e o quanto isso está contribuindo para outras pessoas.

Melhor utilização: quando o *coach* julgar necessário reforçar com o *coachee* o seu objetivo.

Duração: 15 minutos.

Passo a passo para a aplicação

Aplicar durante a sessão, após ter solicitado ao *coachee* na semana anterior que realizasse a atividade em casa. Explique a atividade ao *coachee.*

Durante esta semana, ao final do dia, escreva em sua agenda as respostas para cada questão abaixo. Pense em duas ou três soluções para cada.

- Quais ações realizadas hoje contribuíram para o alcance do meu objetivo?
- Quais ações que tive hoje favoreceram outras pessoas?

Opções de variação da técnica

Pode ser em grupo. Se esta atividade for realizada em empresas, o tempo pode ser até de uma hora, servindo como tomada de consciência para o processo de colaboração mutua.

QUEM SOU EU

O autoconhecimento é a busca constante de muitas pessoas que desejam o sucesso na vida, tanto pessoal quanto profissional. Conhecer-se, saber identificar seus pontos fortes e seus pontos de melhoria contribui para o desenvolvimento e para a capacitação em todas as áreas da vida de uma pessoa.

A partir do momento que a pessoa se conhece e conhece a sua essência, ela sabe onde e como quer chegar ao seu futuro desejado. Desta forma, as pessoas buscam o autoconhecimento para potencializarem suas vidas e conquistarem grandes resultados.

O autoconhecimento é uma jornada constante. Precisamos conhecer nossos pontos fortes e os pontos a desenvolver. Entretanto, além de conhecer, precisamos trabalhar constantemente esses pontos, não apenas corrigindo os "defeitos", mas aprimorando as "qualidades". Tendo os atletas como exemplo, eles estão sempre buscando quebrar os seus próprios recordes.

Objetivo: proporcionar uma reflexão sobre si mesmo, pois o autoconhecimento fortalece a pessoa para lutar por seus objetivos.

Melhor utilização: quando o *coachee* precisar se conhecer melhor para compreender se seus objetivos fazem realmente sentido para ele. Desta forma, ele conhecerá características pessoais que contribuem ou dificultam no alcance dos seus objetivos, tendo mais força para empreender seu processo de mudança para alcançá-los.

Duração: 90 minutos.

Material necessário

- 4 cartões tamanho 10 x 15cm, com cada pergunta impressa em 1 cartão.
- 4 Folhas de A4.
- Caneta ou lápis.

Passo a passo para a aplicação

Converse com o *coachee* sobre a importância do autoconhecimento para alcançar os objetivos/resultados estabelecidos.

Conceito: Autoconhecimento é conhecer a própria essência, ou seja, seus pensamentos, desejos, esperanças, frustrações e crenças. Este conceito permite que a pessoa trace um mapa pessoal que faz com tenha oportunidade de interpretar melhor quem é e, principalmente, onde quer chegar. Assim, terá um foco maior e também uma certeza do real motivo de estar aqui.

Convide seu *coachee* a refletir. Pergunte-lhe:

- Você realmente se conhece?
- Você tem controle sobre as próprias emoções?
- Você sabe o que lhe causa inveja e ódio?
- Você conhece os estímulos que lhe causam prazer e contentamento?
- Você identifica as características que te impulsionam (pontos fortes)?
- Você identifica as características que te bloqueiam (pontos a desenvolver)?

Explique a ele que o objetivo desta atividade é buscar estas respostas, que somente podem ser conhecidas após uma autoanálise minuciosa.

Entregue para ele as 4 folhas de papel A4 e a caneta.

Apresente as quatro perguntas impressas nos cartões e peça-lhe que responda cada uma em uma das folhas.

- Quais são meus pontos fortes?
- Quais são meus pontos fracos?
- Quais são meus objetivos pessoais?
- Quem sou eu?

Deixe as 4 folhas exposta na frente do coachee e peça que ele leia cada folha.

Tomando a sua redação como ponto de partida, ele terá a chance de expressar seus sentimentos e chegar a algumas conclusões pessoais.

- Como você se sente ao ler a sua redação?
  Faça uma análise ligando os pontos fortes e os pontos a desenvolver com seus objetivos pessoais (estabelecidos no início do processo de *coaching* ou na sessão), para conhecer a si mesmo.

Peça para ele marcar com um sinal de + os pontos fortes que contribuem para seus objetivos e com sinal de – para pontos a desenvolver que dificultem o alcance de seus objetivos.

- Você já tentou alguma vez escrever sobre seus pontos fortes e a desenvolver, correlacionando com seus objetivos?
- Foram descobertos novos aspectos que antes estavam ocultos a você? Caso sim, quais?

Promova uma reflexão de que os pontos fortes devem ser capitalizados, ao passo que os pontos fracos devem ser eliminados ou, pelo menos, minimizados, em vista dos objetivos pessoais estabelecidos.

Considerando seus objetivos, pergunte:

- O que você pode fazer para maximizar seus pontos fortes?
- E para minimizar e/ou eliminar seus pontos a desenvolver?
- Das ações relacionadas, quais seriam as 3 prioritárias?
- Entre estas 3, por qual você quer começar imediatamente?
- Quando você vai começar (dia, hora)?
- Como vai se lembrar deste compromisso?

Reforce com o seu *coachee* que cada pessoa deve estar consciente de suas vantagens e dificuldades diante do objetivo estabelecido e que deve procurar sempre conhecer quem ele realmente é, como pré-requisito para identificar projetos adequados que façam realmente sentido para ele.

Pergunte a ele:

- Qual a aprendizagem que esta atividade propiciou para sua vida?

Opções de variação da técnica

Se esta atividade for aplicada em uma sessão de *coaching* coletivo, peça para voluntários lerem suas redações e para os demais participantes darem feedback para os leitores.

RECURSOS SÃO DIAMANTES

Como melhorar seus relacionamentos

Às vezes, mesmo no ambiente familiar, temos dificuldades em conviver com algumas pessoas. Isto pode acontecer também no nosso local de trabalho, por isso precisamos aprender a estar com estas pessoas de forma mais prazerosa.

O exercício a seguir possibilita a busca de recursos que já possuímos para aprendermos a lidar melhor com este tipo de situação.

Objetivo: levar a pessoa a reconhecer seus próprios recursos para melhorar os relacionamentos interpessoais.

Melhor utilização: quando o *coach* julgar que os relacionamentos interpessoais estão impactando nos esforços para alcance dos resultados.

Duração: 10 a 15 minutos.

Passo a passo para a aplicação

- Oriente seu *coachee* a encontrar uma posição confortável que o deixe com coluna reta, cabeça erguida, ombros relaxados, pernas levemente separadas, os dois pés no chão, braços e mãos soltos ao longo do corpo. Vamos prestar atenção na respiração (por 2 minutos).

- Ainda de olhos fechados, diga-lhe para imaginar que tem todos os recursos para conviver em harmonia com as pessoas e que estes recursos estão no chão espalhados no caminho como diamantes.
- Peça ao *coachee* que se imagine andando neste local de tranquilidade e equilíbrio e escolha de 3 a 4 recursos abstratos neste momento que podem ser: amor, coragem, transparência, compaixão, gratidão, empatia, alegria, paciência, determinação, amizade, dedicação, ou qualquer outro que lhe venha a mente.
- Agora lhe diga que dê um passo à frente e recolha o primeiro recurso, segurando-o em suas mãos (pausa pequena), que dê outro passo à sua frente e recolha o segundo recurso, segurando-o em suas mãos (pausa pequena), e dê mais um passo à sua frente e recolha o terceiro recurso, segurando-o em suas mãos (pausa pequena), fazendo o mesmo com o quarto recurso, se tiver.
- Ainda de olhos fechados, peça ao *coachee* que coloque estes recursos no seu coração, utilizando as suas mãos nas quais eles estão. Agradeça a cada recurso, dizendo seu nome, por tê-lo encontrado.
- Diga-lhe para ir se despedindo desta experiência e que gradativamente volte sua atenção para este ambiente, mexendo os pés, as mãos, os ombros e abrindo os olhos.

Reflexão

- Terminado este exercício, qual é a sua contribuição para haver um bom relacionamento interpessoal?
- O que você pode fazer para conviver melhor com as pessoas com quem têm maior dificuldade?
- Onde buscar recursos de que necessita para conviver consigo e com o outro de maneira mais harmoniosa, feliz?

Opções de variação da técnica

Pode ser realizada com a pessoa assentada:

- Encontre uma posição confortável *assentado* com coluna reta, cabeça erguida, ombros relaxados, os dois pés no chão, mãos sobre as pernas.....
- Comece andar neste local de tranquilidade e equilíbrio.
- Escolha 3 a 4 recursos neste momento...... *Agora recolha* o primeiro recurso.......

Esta atividade é muito boa para lidar com conflitos também. Pode ser aplicada em grupos.

REGISTRO DE CONQUISTAS

"O homem não é a soma do que ele tem, mas a totalidade do que ainda não tem, do que poderia ter."

Jean-Paul-Sartre

Acreditar que é capaz, que pode realizar o que deseja por meio de suas ações e comportamentos, crer na sua capacidade de resolver problemas, atingir metas e objetivos específicos, para muitos ainda é um obstáculo.

Muitas pessoas deixam de realizar algo que desejam por estarem inseguras com sua capacidade de realização. No dia a dia, isso se torna um empecilho para atingir metas e objetivos, impedindo o crescimento pessoal e profissional do indivíduo.

O conceito de autoeficácia está relacionado com aquilo que a pessoa acredita que pode fazer com suas habilidades em determinadas circunstâncias, ou seja, é sua capacidade de confiar em si mesmo e acreditar na sua capacidade de atingir um objetivo.

A autoeficácia está diretamente ligada na crença pessoal do indivíduo de que ele é capaz de realizar o que desejar. Pessoas com autoeficácia elevada acreditam que são capazes de vencer os obstáculos e lidam melhor com as adversidades da vida.

Para desenvolver a autoeficácia, é preciso valorizar os sucessos do passado, seguir o modelo de sucesso em situações semelhantes, copiando suas ações e comportamentos, visualizar a si mesmo realizando a ação de maneira eficaz, ser influenciado por pessoas ou mentores que são significativos para o indivíduo.

Esta ferramenta ajudará a estabelecer um paralelo entre os desempenhos de sucesso anteriores com os que o *coachee* quer realizar. Quais comportamentos ele teve, o que pode fazer diferente e atingir seus resultados. Além disso, possibilitará que o *coachee* reflita sobre os fracassos do passado transformando-os em fonte de inspiração e aprendizado para o futuro, fortalecendo suas crenças de autoeficácia.

Objetivo: identificar os comportamentos que ampliam o senso de autoeficácia e fortalecer a crença de que é capaz.

Melhor utilização: quando o *coachee* demonstrar-se inseguro com a sua capacidade de realização. Para fortalecer suas crenças de autoeficácia.

Duração: 90 minutos aproximadamente.

Material necessário

- Folha em branco para registrar respostas.
- Formulário da ferramenta (em anexo).

Passo a passo para a aplicação

- Estabeleça uma conexão com seu *coachee*, crie o *rapport* e proporcione um ambiente seguro, onde ele(a) poderá sentir-se à vontade para dizer o que deseja, sem julgamentos de certo e errado.
- Inicie conversando com ele(a) sobre os benefícios de acreditar em si mesmo e confiar que é capaz de realizar o que desejar por meio de suas ações e comportamentos.
- Explique a ele o conceito de autoeficácia e como ela pode ser desenvolvida.
- Um ponto importante é alinhar com o *coachee* os conceitos de autoeficácia e autoestima. A autoeficácia refere-se à maneira pela qual a pessoa julga sua capacidade ou competência de rea-

lização e a autoestima tem a ver com a capacidade se apreciar, se amar e estar confortável consigo mesma.

- Agora que já alinharam os conceitos pergunte ao *coachee*:
  - De 1 a 10, o quanto você acredita em si mesmo para realizar o que deseja?
  - Como você reage diante dos obstáculos e das adversidades da vida?
  - O que te impede de acreditar em você e atingir suas metas?
  - Se você acreditasse em você 100%, quais ganhos você teria?
  - Explore essa questão para entender o cenário do *coachee*, sua satisfação em relação a sua autoeficácia.
  - Reserve as respostas.
  - Apresente o quadro de registro de conquistas ao seu *coachee*.

<table>
<tr><th colspan="2">REGISTRO DE CONQUISTAS</th></tr>
<tr><td colspan="2">AUTOEFICÁCIA é acreditar em sua capacidade de realização, é confiar em si mesmo e crer que é capaz de realizar o que deseja.</td></tr>
<tr><td colspan="2">Cite uma área ou situação em que se considera autoeficaz: Registre a conquista</td></tr>
<tr><td colspan="2"></td></tr>
<tr><td colspan="2"></td></tr>
<tr><td colspan="2"></td></tr>
<tr><td>DESEMPENHO PASSADO</td><td>DESEMPENHO FUTURO</td></tr>
<tr><td>Comportamentos que contribuíram para atingir a autoeficácia.</td><td>Comportamentos a serem desenvolvidos para ampliar a autoeficácia.</td></tr>
<tr><td></td><td></td></tr>
<tr><td></td><td></td></tr>
<tr><td></td><td></td></tr>
<tr><td></td><td></td></tr>
<tr><td></td><td></td></tr>
<tr><td>GANHOS</td><td>AÇÕES FUTURAS</td></tr>
<tr><td></td><td></td></tr>
<tr><td></td><td></td></tr>
<tr><td></td><td></td></tr>
<tr><td></td><td></td></tr>
<tr><td></td><td></td></tr>
</table>

1. Resgate o conceito de autoeficácia.
2. Pergunte a ele uma situação ou uma área em que ele se considera autoeficaz, confiante em sua capacidade de realização. Registre a conquista.
3. Em relação ao despenho passado:
   - Cite pelo menos 5 comportamentos que você teve que contribuíram para atingir seu objetivo.
   - Tem alguma outra conquista ou situação em que teve os mesmos comportamentos e obteve êxito?
   - Quais foram estes comportamentos?
   - Teve algum comportamento diferente?

4. Em relação ao desempenho futuro:
   - Existe algum comportamento que você gostaria de acrescentar ou desenvolver para ampliar sua autoeficácia?
   - Como você poderia agir diferente de agora para ampliar sua autoeficácia?

5. Em relação aos ganhos:
   - Recapitular com o *coachee* os comportamentos listados do presente e passado.
   - Faça um paralelo entre eles. Reforce os comportamentos em que ele(a) teve êxito e os que ele(a) pode desenvolver e faça-o(a) refletir que estes podem servir de modelo a serem aplicados em outras situações.

Faça a seguinte pergunta:

- Se você agisse dessa forma em outras áreas ou situações da sua vida, quais seriam seus ganhos? Listar os ganhos no quadro.
- O que precisa acontecer para que você saiba que atingiu o seu objetivo?

6. Em relação às ações futuras fale para o *coachee*:
   - Diante de tudo que conversamos, você já sabe da importância de ampliar sua autoeficácia e qual impacto positivo terá em sua vida?
   - Liste pelo menos 5 (cinco) ações que você pode fazer imediatamente para ampliar sua autoeficácia.
   - Destas 5 (cinco) ações, escolha 3(três) que você considera prioritárias no momento.
   - Destas 3(três) ações, qual você acredita que se investir terá um impacto positivo e imediato em sua autoeficácia?

Registre a ação definida pelo *coachee.*

7. Recapitulação, comprometimento e encerramento da sessão. Faça as seguintes perguntas.
   - Então você está me dizendo que para ampliar a sua autoeficácia você.... (Citar a ação pretendida).
   - Quando você se sente pronto(a) para iniciar esta ação? (Especificar o dia, a hora e o prazo para conclusão da tarefa).
   - Como você pode garantir que esta tarefa será realizada? (Solicitar que o *coachee* defina uma forma de lembrete para que a tarefa seja cumprida).
   - Agora que você já definiu o que precisa fazer, de 1 a 10, o quanto você está disposto(a) a realizar essa tarefa?
   - Nesse processo, é muito importante que eu acompanhe seus resultados. Como eu (*coach*) vou ficar sabendo que você fez isso? (Definir forma de contato: *e-mail*, SMS, *WhatsApp*, telefone, dia e hora que ele(a) repassará a informação).

Para o aprendizado, o *coach* poderá utilizar uma das perguntas abaixo, ou mais de uma se preferir:

- Que aprendizados ou *insights* você teve na sessão de hoje?
- O que você leva dessa sessão de hoje para sua vida?
- Se pudesse resumir a sessão em uma palavra, como você sai daqui hoje?

- Porque valeu a pena estar aqui hoje?

Feito isso, faça a desconexão com o seu *coachee*, agradeça pela confiança dispensada e encerre a sessão.

Anexo 1 – Formulário Registro de Conquistas

<table>
<tr><th colspan="2">REGISTRO DE CONQUISTAS</th></tr>
<tr><td colspan="2">AUTOEFICÁCIA é acreditar em sua capacidade de realização, é confiar em si mesmo e crer que é capaz de realizar o que deseja.</td></tr>
<tr><td colspan="2">Cite uma área ou situação em que se considera autoeficaz. Registre a conquista.</td></tr>
<tr><td colspan="2"></td></tr>
<tr><td colspan="2"></td></tr>
<tr><td colspan="2"></td></tr>
<tr><td colspan="2"></td></tr>
<tr><td colspan="2"></td></tr>
<tr><td colspan="2"></td></tr>
<tr><td>DESEMPENHO PASSADO</td><td>DESEMPENHO FUTURO</td></tr>
<tr><td>Comportamentos que contribuíram para atingir a autoeficácia.</td><td>Comportamentos a serem desenvolvidos para ampliar a autoeficácia.</td></tr>
<tr><td></td><td></td></tr>
<tr><td></td><td></td></tr>
<tr><td></td><td></td></tr>
<tr><td></td><td></td></tr>
<tr><td></td><td></td></tr>
<tr><td></td><td></td></tr>
<tr><td></td><td></td></tr>
<tr><td>GANHOS</td><td>AÇÕES FUTURAS</td></tr>
<tr><td></td><td></td></tr>
<tr><td></td><td></td></tr>
<tr><td></td><td></td></tr>
<tr><td></td><td></td></tr>
<tr><td></td><td></td></tr>
<tr><td></td><td></td></tr>
<tr><td></td><td></td></tr>
</table>

RFCD: RESGATANDO A AUTOESTIMA

"Aprenda a se amar sem esperar muito dos outros".

Augusto Cury

Autoestima é muito mais do que um senso inato de valor próprio, é um direito inalienável do ser humano.

Autoestima é a vivência de que somos adequados para a vida e suas exigências, é a confiança em nossa capacidade de pensar, em nossa habilidade de dar conta dos desafios básicos da vida e em nosso direito de vencermos e sermos felizes.

Confiar nas próprias ideias e sentir-se merecedor da felicidade é a base da autoestima. O poder desta convicção inspira o comportamento e este, por sua vez, afeta tal convicção.

A autoestima poderá variar em níveis elevados, médios ou baixos. Tal variação estará presente em diferentes momentos da vida. O nível da nossa autoestima influencia em nossos atos e a maneira como agimos influencia o nível da nossa autoestima. Por exemplo: se confio em minhas ideias, atuo como um ser racional, exercitando a capacidade de pensar, dando a devida atenção às minhas atividades para a minha vida funcionar melhor. Assim, a confiança em minhas ideias é fortalecida.

Se eu duvido do que penso, sou mais passível mentalmente, menos atento às minhas atividades e menos persistente diante das dificuldades. Se meus atos têm consequências dolorosas, sinto-me justificado por minhas ideias.

Pessoas com autoestima alta persistem em suas tarefas maior tempo do que as pessoas com baixa autoestima. O nível da nossa autoestima tem consequência em todas áreas da nossa vida, como trabalho, relacionamentos, realizações, família, nos resultados que desejamos, em fim, na nossa felicidade.

Objetivo: possibilitar ao *coachee* elevar sua autoestima a partir do autoconhecimento.

Melhor utilização: quando o *coachee* estiver com a autoestima baixa, prejudicando atingir seu objetivo.

Duração: 90 minutos.

Material necessário

- Folha para registro e observações.

Passo a passo para a aplicação

- Converse com o seu *coachee* sobre a importância da autoestima e qual impacto ela tem em nossas vidas. Alinhe com ele o conceito de autoestima.
- Faça-o refletir que estar com a autoestima elevada permite acreditarmos em nós mesmos, nos leva a atingir nossos objetivos e nos coloca no caminho em direção aos nossos sonhos. Às vezes, só falta saber quais são os caminhos a serem trilhados.
- Oriente o seu *coachee*, que o primeiro passo para que ele retome sua autoestima elevada é saber quem ele é e o que ele gosta. Faça as seguintes perguntas a ele:
- Você é o que gostaria de ser?
- Já parou para pensar o que faz você sentir-se realizado?
- O que você acredita que é bom para você? Fale a respeito.

1º passo: Resgate sua imagem de autoestima

Peça ao seu *coachee* que pense numa situação presente, que sinalize em ordem cronológica fatos que marcaram sua vida. Faça uma lista do presente para o passado.

Exemplos: Hoje meu marido me elogiou. Aos dezoito anos passei no vestibular e meus pais ficaram muito felizes comigo. Aos 5 anos, ganhei uma caixa de maquiagem da minha mãe etc.

Entre na experiência e reviva cada memória por meio das sensações e emoções de cada fato da sua vida. Escute o que ouviu, a entonação e a imagem.

2º passo: Fortaleça o seu "eu interior"

Fale para seu *coachee* que todas as experiências vividas até agora são valiosas e que todas fazem parte de sua vida. Afinal, tudo que ele vivenciou faz parte de sua trajetória.

Peça ao *coachee* que ele visualize esta trajetória. Oriente-o que ele escolha as memórias mais marcantes. Pergunte a ele:

– **O que você quer ressaltar nos seus registros de memórias?**

3º passo: Crie sua nova imagem

Neste momento, peça ao *coachee* para imaginar a pessoa que ele quer se tornar. Pergunte a ele:

- Quais os comportamentos que esta pessoa, da nova imagem, possui?
- O que ela precisa desenvolver?
- O que mais você poderá fazer para fortalecer essa nova imagem?

Agora, com essa representação que o seu cérebro desenvolveu, analise junto com seu *coachee* a imagem que ele criou. Pergunte a ele:

- Esta imagem faz sentido para você?
- Fale a respeito.

4º Passo: Desenvolva a Autoestima elevada

Oriente ao seu coachee que nesse passo a meta é fixar nova imagem de autoestima elevada na sua vida. Para atingir metas e planos, e necessário agir no presente e focar no futuro.

Visualize a autoestima que você construiu ao longo das etapas anteriores. Projete a imagem que você quer manter na sua vida e registre uma foto mental.

A partir desta foto, escolha o que você quer e pode melhorar. Pergunte para seu coachee:

- Numa escala de 0 a 10, o quanto você se sente satisfeito com a imagem projetada?
- Fale a respeito.
- O que você pode abrir mão para atingir a imagem desejada?
- Liste 3 ações que você pode fazer imediatamente para elevar sua autoestima.
- Dessas 3 ações, qual é prioridade no momento?
- O que você pode fazer diferente do que fez até agora para melhorar sua autoestima?

5º Passo: Finalização da sessão de *coaching*

- Qual ação que, se você investir agora, causará um impacto positivo e imediato no seu objetivo?
- Quando vai começar? (Data e hora).
- Como você vai fazer para se lembrar?
- Como eu (coach) vou saber que você fez isso?
- Se pudesse resumir a sessão em uma palavra, como você sai daqui hoje?
- Por que valeu a pena estar aqui hoje?

SUA JORNADA EM 4 CAPÍTULOS

Nossa vida é como se fosse uma jornada, uma caminhada. Ao longo desta caminhada, vamos adquirindo alguns conceitos que se tornam crenças. As crenças vão direcionando as atitudes e os comportamentos e agem como filtros em escolhas e decisões.

Crença é tudo aquilo em quem você acredita. Pode ser que alguém te contou, experimentou, concluiu, ouviu ou alguém fez e isso se tornou uma verdade absoluta para você. As crenças geralmente fazem sentido somente para quem acredita.

Para que possamos compreender nossa jornada, faz-se necessário buscar referências no passado, agirmos no presente para atingirmos o que desejamos no futuro.

Com essa ferramenta, o *coachee* terá a consciência de sua jornada, do que viveu, fará uma análise sobre sua vida e identificará o que poderá fazer para atingir os resultados e ter a vida que deseja.

Objetivo: reconhecer as crenças do passado e validar no presente aquelas que possibilitem construir o futuro desejado.

Melhor utilização: Aplicável em qualquer situação.

Duração: 60 minutos.

Material necessário

- Folhas A4.
- Lápis.
- Borracha.

Passo a passo para a aplicação

1. Peça ao seu *coachee* que imagine sua jornada, o que e como viveu até hoje. Dividida as informações em capítulos como em um seriado ou em uma novela, sendo ele o protagonista.

Os dois primeiros capítulos vão se referir ao passado e serão compostos pela sua infância e adolescência.

CAPÍTULO 1 - INFÂNCIA

Para esta fase, pergunte a ele:

- Pense em você numa criança até 10 anos.
- Como você se via nessa época?
- Como era o seu relacionamento com sua família?
- Escolha um momento nesta fase que te marcou. Fale a respeito.
- Qual o nome você dará para esse capítulo?

Registre todas as suas respostas.

CAPÍTULO 2 - ADOLESCÊNCIA

Para esta fase, pergunte a ele:

- Pense em você na sua adolescência até 21 anos.
- Como você se via nessa época? (se o *coachee* for adolescente, pergunte: Como você se vê nesta fase da sua vida?).
- Escolha um momento nesta fase que te marcou. Fale a respeito.
- Tem algo mais que gostaria de falar?
- Qual nome você dará para esse capítulo?

Registre todas as suas respostas.

2. Informe ao *coachee* que o terceiro capítulo refere-se ao seu momento presente.

CAPÍTULO 3 – PRESENTE

Para esta fase pergunte a ele:

- Pense em você hoje.
- Como você se vê hoje?
- Escolha um momento nesta fase que te marcou. Fale a respeito.
- Tem algo mais que gostaria de falar?
- Qual o seu nível de satisfação para sua vida hoje?
- Você tem atingido os objetivos propostos?
- Se não, o que te impediu de atingi-los?
- Qual ponto você acha que precisa melhorar?
- Tem algo que você gostaria de fazer diferente do que faz?
- Você identificou alguma coisa que te limita a alcançar a vida que deseja? Fale a respeito.
- Qual o nome você dará para esse capítulo?

Registre todas as suas respostas.

3. Diante de tudo o que conversamos, vamos projetar a vida que você deseja ter.

CAPÍTULO 4 – FUTURO

Para esta fase, pergunte a ele:

- Pense em você no futuro.
- Como você vê o seu futuro?
- O que você precisa desenvolver para ter a vida que vê no futuro?
- Onde você colocará sua energia para alcançar resultados desejados?
- Qual o nome você dará para esse capítulo?

Registre todas as suas respostas.

4. Após todas essas reflexões, pergunte ao *coachee*.

- Cite três ações que você poderá fazer diferente do que faz hoje para atingir a vida que deseja.
- Qual dessas ações você quer fazer imediatamente?
- Quando vai começar? (Data e hora).
- Como você vai fazer para se lembrar?
- Como eu (*coach*) vou saber que você fez isso?
- O que você leva dessa sessão de hoje para sua vida?

CAPÍTULO 8

DICAS DE GRATIDÃO

"Continue andando. Haverá a chance de você ser barrado por um obstáculo, talvez por algo que você nem espere. Mas siga, até porque eu nunca ouvi falar de ninguém que foi barrado enquanto estava parado".

Charles F. Kettering

O QUE É GRATIDÃO?

A palavra gratidão deriva do latim "*gratia*", que significa *favor*, e "*gratus*", que significa *agradar*.

Outras derivações relacionam-se com a bondade, a beleza de dar e receber, de partilhar, de ser gentil e generoso, de retribuir.

Pesquisas científicas mais recentes confirmam que a gratidão traz benefícios para nossa saúde mental e física. As tradições religiosas salientam a importância da gratidão para minimizar o sofrimento, para sermos mais felizes, saudáveis, mais compassivos e amorosos. Várias pessoas que praticam a gratidão também percebem estes benefícios. Mas o que é gratidão? É um pensamento? Uma emoção?

A gratidão é definida como emoção, estado de espírito, virtude moral, traço de personalidade, hábito, forma de lidar com as dificuldades, um estado mental associado à cultura da paz e como modo de estar na vida. Trata-se de um atributo benéfico e universal, e cada cultura vivência e a expressa de diferentes maneiras, porém tem em comum sentir-se agradecido, apreciado.

Ela pode ser direcionada para pessoas ou elementos não humanos, como Deus, animais e a natureza, neste sentido, não é somente um sentimento, e exige o reconhecimento de que houve alguém que nos presenteou com a sua bondade de forma intencional. Portanto, a condição necessária para ser grato é o reconhecimento da existência de coisas boas e agradáveis.

É oportuno lembrar que a gratidão pode surgir após um acontecimento desfavorável. Por exemplo, várias pessoas sentem gratidão mesmo após a ocorrência de traumas e tragédias, como ataques terroristas, desastres naturais, doenças crônicas, acidentes.

O que acontece no cérebro e no corpo quando experimentamos gratidão, ou seja, como a gratidão realmente funciona?

Agora que conhecemos um pouco do que é gratidão temos outras questões a responder.

- O que fazer para sermos mais gratos?
- Por que a gratidão nos leva a sermos mais felizes?

Estudos da neurociência sobre gratidão identificaram estratégias para aproveitar seus benefícios para manter a saúde e ajudar as pessoas a entenderem a importância de promover essa emoção poderosa.

Nossa atividade cerebral pode revelar algo sobre como a gratidão alcança seus benefícios significativos. Sabemos da relação entre saúde mental e física, então, vamos entender como a gratidão atua nessa conexão mente-corpo, ou seja, como uma emoção positiva pode melhorar as funções corporais.

Estudos utilizando ressonância magnética funcional, para medir atividade cerebral, mostraram que os participantes ao relatarem sentimentos agradecidos, tiveram registros de seus cérebros com atividade em regiões localizadas no córtex pré-frontal médio, uma área nos lobos frontais do cérebro onde os dois hemisférios se encontram. Esta área do cérebro está associada à compreensão das perspectivas de outras pessoas, à empatia e aos sentimentos de alívio. Também está ligada aos sistemas do corpo e do cérebro que regulam a emoção e apoiam o processo de alívio do estresse.

As regiões associadas à gratidão fazem parte das redes neurais que se acendem quando socializamos e experimentamos prazer. Essas regiões também estão fortemente conectadas às partes do cérebro que controlam a regulação básica das emoções, como a frequência cardíaca e os níveis de excitação e estão associadas ao alívio do estresse e, portanto, à redução da dor. Elas também estão intimamente ligadas às redes "*mu opioides*" do cérebro, que são ativadas durante o contato interpessoal e o alívio da dor.

Em outras palavras, a gratidão depende das redes cerebrais associadas ao vínculo social e ao alívio do estresse, isso pode explicar em parte como os sentimentos de gratidão levam a benefícios para a saúde ao longo do tempo.

Sentir-se grato e reconhecer a ajuda de outros cria um estado corporal mais relaxado e nos permite entrar em contato com os benefícios subsequentes da redução do estresse.

A prática da gratidão pode alterar a função cerebral em indivíduos deprimidos, pode até mesmo mudar e religar o cérebro. Há evidências de que a gratidão pode induzir mudanças estruturais em partes do cérebro de regiões no córtex pré-frontal médio.

Entendemos que gratidão é a compaixão universal, considerada como a sensibilidade pelo sofrimento do outro e de si próprio, com uma motivação intrínseca para aliviar este sofrimento *estão interligadas* e podem ser cultivadas por meio de treino.

A capacidade de gratidão em melhorar o sofrimento nessas circunstâncias não decorre da nossa capacidade de "pensar pensamentos felizes" ou de negar a realidade. Ao invés disso, os seus benefícios provavelmente decorrem das mesmas funções que acontecem em outros aspectos de nossas vidas: ela nos aproxima, aumenta a consciência do que temos e nos impõe a considerar como podemos reconhecer e disseminar o bem humano.

Então, o que é a gratidão se não algo inerente ao ser humano e que para termos boa saúde, mental, espiritual, física, social, financeira ela deve ser cultivada.

DICAS PARA TREINAR GRATIDÃO

I – Neste momento, entre em contato com dez "coisas" de que pode ser grato de forma específica, sinta-a e diga o nome. Exemplo: sou grata por este vento que sinto em meu rosto.

II – Escolha um momento do seu dia e vá a um lugar calmo e lembre-se de situações específicas em que se que sentiu grato. Observe seu corpo, sua respiração, seu batimento cardíaco e veja quais pensamentos estão presentes.

III– Potencialize a experiência da gratidão com três ações:

1) a valorização do que se recebe;
2) o reconhecimento de que "alguém" intencionalmente proporcionou algo bom;
3) a percepção de que na dádiva recebida não há nenhum tipo de interesse ou objetivo de algo em troca.

IV – Descobrindo outra perspectiva

Nem sempre os acontecimentos seguem o caminho o que desejamos.

Então, como podemos utilizar gratidão quando ainda estamos sob o impacto de nosso desapontamento?

Perceber a situação em outra perspectiva, perguntando-se:

1) "O que tenho de bom em minha vida, apesar desta situação?" – Lembre-se de situações reais que você sente-se grato.
2) "O que posso aprender com isso?" – O aprendizado não se refere a viver uma situação idêntica, mas lidar com emoções, pensamentos e atitudes que esta situação despertou. Identifique o aprendizado e sê grato por ele.
3) "Há algo sobre esta situação que eu posso ser grato?" – Apesar do desapontamento, o que ainda sinto agradecida nesta situação.

Obs.: se for algo muito grave como perda de um ente querido, ou uma doença séria, aguarde o tempo de luto da pessoa.

V – Quadro da gratidão

Faça um quadro com quatro colunas. Na primeira registre o nome de pessoas que foram influentes em sua vida, que contribuíram para você ser quem é hoje. Na segunda, escreva quem foi a pessoa (pode ser um professor, um avô, um escritor, um músico, um artista, um filme). Na terceira, registre de modo específico o que a pessoa fez ou como o trabalho dela foi valoroso em sua vida. Na quarta coluna, deixe sua gratidão registrada.

Nomes	Quem é?	Situação	Gratidão

VI – *Todos os dias encontre motivos para ser grato.*

No final de cada dia, reflita sobre as questões:

- O que me emocionou hoje?
- Quem ou o que me inspirou hoje?
- O que me fez sorrir hoje?
- Qual é a melhor coisa que aconteceu hoje?

VII – Diário da Gratidão

Escolha um caderno para criar um diário, deixando registrado momentos do seu dia em que sentiu gratidão. Após alguns meses, esse registro certamente irá se tornar um hábito.

Quando você estiver vivendo alguma dificuldade em sua vida, o diário lhe servirá como um guia para você voltar ao seu lugar de serenidade, equilíbrio.

Curiosidades

- **No ano de 2017, nos perfis dos brasileiros nas redes sociais, a #gratidão só perdeu para o amor.**
- **Quem usou qualquer rede social da internet naquele ano se deparou muitas vezes com uma palavra: gratidão.**
- **Para Leandro Karnal, historiador da Unicamp, esse é um fenômeno do nosso tempo. Não pega bem no mundo atual o sentimento negativo. Então, você deve manifestar a sua vida maravilhosa. Isso faz parte hoje de um esforço de mídia pessoal. E tem relação com a noção de gratidão, diz ele.**

CAPÍTULO 9

CHEGANDO AO FIM DA NOSSA VIAGEM

Nenhum planejamento ou ferramenta tem mais importância do que ouvir sinceramente, *com o coração, a pessoa que está na nossa frente.* Com este pensamento, iniciamos nossa viagem, fizemos alguns percursos no nosso itinerário, algumas paradas e alguns retornos.

Compreendemos que para ouvir com coração igualmente importa ouvir com nosso corpo e com a nossa mente cognitiva. Com os três juntos formando uma única unidade para sermos inteiros para com o outro e para conosco.

Essa unidade acontece quando aprendemos a cultivar a nossa paz interior, a felicidade genuína e nos mantemos abertos, centrados, compassivos e gratos. Então, com abertura para o que está presente no momento e com gentileza, aceitamos e acolhemos o que se apresenta aqui.

Assim, esta viagem se encerra e antes de planejarmos a próxima vamos ver as fotos (mentais), relembrar alguns momentos, sabendo que sempre poderemos voltar aqui, com nossos pensamentos, imagens e recordações, a consultar o capítulo ou a página que desejarmos.

Nesta viagem, nos encontramos com belas paisagens geradas por nossas vivências, algumas novas, outras reconhecidas e umas já esquecidas que voltaram à memória.

Pudemos refletir sobre conceitos, sobre as competências e rever ou (re)conhecer práticas e ferramentas necessárias para o profissional atender seu cliente.

Logo no início, tivemos a oportunidade de entender como seria nosso primeiro encontro com o *coachee*. Prosseguimos apresentando detalhadamente as ferramentas para o *coach* praticá-las a partir da leitura, como um mapa. Avançamos acrescentando sugestões de autodesenvolvimento. Entendemos que mais do que ter ferramentas para o outro que está à sua frente, o *coach* precisa de autoconhecimento. A ele deveria ser permitido exercer tal atividade somente quando praticasse o que se propôs a mostrar ao outro.

Para possibilitar ao *coachee* alcançar o resultado desejado, é importante para o *coach* cultivar algumas habilidades como a flexibilidade, o equilíbrio, a conexão, a atenção plena, a autocompaixão, a resiliência e o silêncio.

Desenvolvendo um estado de atenção plena, tais habilidades são fortalecidas ou evidenciadas em nós. Dessa maneira, superamos a vaidade de que ser *coach* é saber mais que o *coachee*, e que às vezes nossa pequena embarcação leva alguém sempre precioso.

Mas só posso ajudar o outro a chegar ao estado de equilíbrio se esta for minha realidade, minha vivência de agora. Sendo assim, deixamos algumas dicas de autocuidado para despertar em você a curiosidade de buscar sempre autodesenvolvimento, autocompaixão, resiliência e gratidão.

Talvez, ao passear, seguir o trajeto por estas páginas, você tenha percebido que o *coaching* é um processo em que leva o outro a um desejo maior e quando entendemos isso, as técnicas e as ferramentas tornam-se pequenas em relação ao compromisso do *coach* em se transformar, em ser modelo, e necessariamente ter equilíbrio, conhecer sua missão, propósito enquanto prática diária.

Pretendemos nos encontrar em outras viagens, fazermos novas paragens para praticarmos este compromisso, treinando o equilíbrio das nossas três mentes, cognitiva (cérebro), sensitiva (corpo) e emotiva (coração), trazendo junto ao nosso estado *coach* nossa intenção.

Gratas por esta viagem juntos!

REFERÊNCIAS

BRADBERRY, T.; GREAVES, J. **Inteligência Emocional 2.0**. São Paulo: Editora HSM, 2016.

CHOPRA, Deepak. **As Sete Leis Espirituais do Sucesso**. Rio de Janeiro, Editora Best-Seller: 2009.

COVEY, Stephen. **Os 7 hábitos das pessoas altamente eficazes**. São Paulo, Editora Best Seller, 2004.

COVEY, Stephen. **O 8º hábito**. São Paulo, Editora Campus, 2005.

DILTS, Robert; DELOZIER, Judith e BACON DILTS, Deborah. **PNL II** – la seguiente generacion. Espanha, Ediciones El Grano de Mostaza SL, 2016.

DUTRA, Eliana. ***Coaching***: o que você precisa saber. Rio de Janeiro, Manual X, 2010.

GOLEMAN, Daniel. **Trabalhando com a inteligência emocional**. Rio de Janeiro, Objetiva, 2001.

GRAMIGNA, Maria Rita. ***Coaching* por competências** – ferramentas para excelência. MRG: Belo Horizonte, 2017.

HSING, Shiou e JIA, Jou Eel. **Coaching holístico**. 3ª ed. Editora Ícone, 2014.

KABAT-ZINN, Jon. **Vivir com plenitude las crisis.** Espanha, Kairós, 2016.

KETS DE VRIES, Manfred; KOROTOV, Konstantin; FLORENT-TREACY, Elisabeth. **Experiências e técnicas de *coaching***: a formação de líderes na prática. Porto Alegre: Bookman, 2009.

KRAUSZ, Rosa R. ***Coaching* executivo**: a conquista da liderança. São Paulo: Nobel, 2007.

LAGES, Andrea e O'CONNOR, Joseph. ***Coaching* com PNL** - como ser um *coaching* master. Rio de Janeiro, Qualitymark, 2004.

MARQUES, José Roberto. ***Coaching* positivo**: psicologia positiva aplicada ao *coaching*. São Paulo: Editora Ser Mais, 2015.

MARQUES, José Roberto. **Leader *coach*** - *coach* como filosofia de liderança. São Paulo: Editora Ser Mais, 2014.

MARQUES, José Roberto e CARLI, Edson. ***Coaching* de carreira** - construindo profissionais de sucesso. São Paulo: Editora Ser Mais, 2012.

NEFF, Kristin. **Autocompaixão** - pare de se torturar e deixe a insegurança para trás. Rio de Janeiro: Lucida Letra, 2018.

PERCIA, André; MATTEU, Douglas; MARQUES, José Roberto e SITA, Mauricio. **Master *coaches*** - técnicas e relatos de mestres do *coaching*. São Paulo: Editora Ser Mais, 2012.

PORCHE, Germaine e NIEDERER, Jed. ***Coaching* o apoio que faz as pessoas brilharem**. Rio de Janeiro, Campus, 2002.

PORTELLA, Mônica. **Capital psicológico positivo**. Rio de Janeiro: Editora IIPsi+, 2015.

ROBBINS, Anthony. **Poder sem limites**. Rio de Janeiro: Editora Best-Seller, 2013.

SHERVINGTON, Martin. ***Coaching* integral:** além do desenvolvimento pessoal. Rio de Janeiro, Qualitymark, 2005.

TOLLE, Eckhart. **O poder do agora:** um guia para a iluminação espiritual. Rio de Janeiro: Sextante, 2010.

WIILIAMS, Mark e PENMAN, Danny. **Atenção plena** - como encontrar a paz em um mundo frenético. Rio de Janeiro: Sextante, 2015.

WHITMORE, John. ***Coaching* para performance** - aprimorando pessoas, desempenho e resultados. Rio de Janeiro, Qualitymark, 2006.

WOLK, Leonardo. ***Coaching*: a arte de assoprar brasas**. São Paulo, Editora Qualitymark, 2010.

AS AUTORAS

CLÁUDIA OLIVEIRA - ORGANIZADORA

Experiência consolidada nas áreas de Recursos Humanos e Organizacional. Atuou em empresas de grande e médio porte, nacionais e multinacionais, idealizando e coordenando a implantação de diversos projetos na área.

Atua como *coach* e facilitadora, coordenando trabalhos de consultoria organizacional, desenvolvimento de líderes, equipes e pessoas, gestão por competências, *assessment*/banco de identificação de talentos, avaliação 360º, entre outros.

Ministra palestras e desenvolve oficinas e laboratórios vivenciais nas áreas de Competências, Cultura Organizacional, Jogos Empresariais, Criatividade, Desenvolvimento de Lideranças, Avaliação de Desempenho e de Recursos Humanos.

Mestre em Administração, graduada em Psicologia, com MBA em Gestão de Negócios e especialização em Dinâmica de Grupo e Jogos Empresariais. *Coach* com Certificação Internacional em *Coaching* pelo ICL - Instituto de Linguística de Portugal e pelo IBC - Instituto Brasileiro de *Coaching*.

Coautora dos livros: **Vivências - Aprender e Transformar. Experiências de Sucesso**, pelo Grupo Projetar, *Qualitymark*, 2017 e **Vivências - Uma Aprendizagem Efetiva**, pelo Grupo Projetar, 2001.

Criadora dos jogos Baralho *Feedback* Projetivo - Você Diante de Si Mesmo; Jogo Pirâmide das Competências Emocionais; Conhecendo seus Valores; A Caixa Mágica das Perguntas Poderosas e Batata Quente da Segurança no Trabalho.

ROSANA TOZELLI

Sólida experiência como consultora organizacional na área de Recursos Humanos em empresas de pequeno e médio porte, nacionais e multinacionais.

Elabora e atua como facilitadora em diversos cursos e oficinas vivenciais e palestras.

Elabora e executa diversos projetos de consultoria na área de Recursos Humanos, Programas de Desenvolvimento de Lideranças, Desenvolvimento de Equipes, Programas de Avaliação de Desempenho; entre outros.

Atua como *coach* empresarial, carreira e de vida.

Graduada em Gestão de Recursos Humanos pela Universidade FUMEC, com MBA em Gestão Estratégica de Projetos pela Universidade Fumec, com especialização em Professional *Self Coaching* e Analista Comportamental pelo Instituto Brasileiro de *Coaching*, com as certificações internacionais BCI – *Behavioral Coaching Institute*; ECA – *European Coaching Association*; GCC – *Global CoachingComunity*; IAC – *International Association of Coaching* e as certificações nacionais Behavioral Analyst – Instituto Brasileiro de *Coaching* (IBC) em conjunto com a UFMG. Formação em *Coaching* Executivo com Foco em Competências pelo IGP/MRG.

Formação em Jogos de Empresas e no CAV – ICCAPE – Instituto Centro de Capacitação e Apoio ao Empreendedor e formação em Dinâmicas de Grupo: Jogos e Técnicas Vivências – Ergon.

Certificação na metodologia MRG Modelo de Competências – Maria Rita Gramigna.

Master em PNL pelo Instituto Potencial PNL – Programação Neurolinguística.

Coautora dos livros: **Vivências – Aprender e Transformar. Experiências de Sucesso**, pelo Grupo Projetar, Qualitymark, 2017.

SOLANGE GUIMARÃES

Experiência consolidada nas áreas de Recursos Humanos e Organizacional, tendo atuado em empresas de grande e médio porte, nacionais e multinacionais.

Coordenou a implantação de diversos projetos na área. Conduziu a implantação da área de Recursos Humanos em várias empresas Unimed's e em empresas de pequeno e médio porte.

Atua como *coach* executivo e de vida, é consultora organizacional, desenvolvimento de líderes, planos e cargos e salários, avaliação de desempenho, gestão por competências, trabalho em equipes, mapeamento de perfis por competências.

Coordenou e executou processos de R&S em várias regiões do Brasil. Atua como facilitadora em cursos, palestras e desenvolve oficinas vivenciais.

Graduada em Psicologia pela Universidade FUMEC e Pós-graduada em Gestão de Pessoas pela UNI-BH.

Certificação na metodologia MRG Modelo de Competências – Maria Rita Gramigna. Formação Internacional em *coaching* pelo ICL – Instituto de *Coaching* e Linguística de Portugal.

Formação em Jogos de Empresas e Dinâmicas de Grupo pelo CICLO CEAP.

Formação em *coaching* executivo com foco em competências pelo Instituto de Gestão de pessoas/MRG.

Master em PNL pela Potencial Instituto de Programação Neurolinguística com chancela internacional de *Southern Institute of* NLP – *Society of Neuro-Linguistic Programming International* NLP.

THÂNIA KALIL

Psicóloga, com experiência consolidada na área Clinica, Treinamento, Coaching, Consultoria Organizacional e Mindfulness e Autocmpaixão.

Certificações:

Psicólogo Clínico e Bacharel – FUMEC/MG.

Especialização em Serviços e Sistemas de Saúde- UFMG.

Formação internacional em Practitioner Coaching Generativo pelo IAGC – USA.

Formação Internacional em Coaching pelo ICL - Instituto de Coaching e Linguística - Portugal. Chancela do ICF.

Master Practitioner em Programação Neurolinguística pelo IBRA/PNL -MG.

Certificação internacional em Coaching Generativo pelo IACG – Association for Generative Change.

Certificação Internacional em Coaching Executivo - Foco nas Ferramentas de Competências, pela MRG/IGP (Brasil) e aprovado pela Metaforum Internacional (Alemanha).

Formação em Mindfulness para Prática Clínica – CESDE/MG.

Formação oficial de professores titulada Teacher Training do Programa de Mindful Self-Compassion (MSC) pelo Center for Mindfull Self-Compassion y Mindfulness Global.

Responsável pela elaboração e desenvolvimento do Programa de Inteligência do Bem-Estar - práticas de inteligência alimentar e de atenção plena.

Consultora Associada do IGP – Instituto de Gestão de Pessoas onde atua em diversos projetos, dentre eles:

Capcitação em PNL – Programação Neurolinguista.

Mapeamento de Competências e Desenvolvimento de Lideranças.

Treinamentos e Desenvolvimento Gerencial e de Equipes.

Desenvolvimento do Programa de Gestão por Competência.

Facilitadora e avaliadora de Mapeamento de Perfis e Banco de Identificação de Potencial por Competências.

Consultora em Programas de Sucessão: nas empresas PREVI Banco do Brasil e CAIXA.

Consultora no Projeto de construção do Modelo de Gestão por Competências BANESE.

Facilitadora do programa de orientação de carreira com Coaching.

Este livro foi composto com tipografia Minion
e impresso em papel Offset 75g. na Gráfica Del Rey.